Jedes Pfund hat seinen Grund

Befreie dich von Selbstsabotage und Zweifeln

Für Andrea,
sei die Heldin deines Lebens!
Alles Liebe,
Ellen

Ellen Lutum

Lektorin: Andrea Langenbacher
Druck/Auslieferung: WirmachenDruck

Impressum:
Eulogia Verlags GmbH
Gänsemarkt 43
20354 Hamburg
Deutschland

ISBN 978-3-96967-156-6

Wir wünschen viel Vergnügen beim Lesen!

Jedes Pfund hat seinen Grund

EULOGIA
VERLAG

Für Alexandra, Theresa, Charlotte und Markus
– ihr seid meine Inspiration
und mein täglicher Motivationsschub.
Danke, dass es euch gibt.

Inhaltverzeichnis

Einleitung

„Jedes Pfund geht durch den Mund." Diese Redewendung hat mich meine gesamte Kindheit und Jugend bis ins Erwachsenen-alter begleitet. Sie fiel beim gemeinsamen Essen, bevor nach-genommen werden konnte oder beim Kaffeeklatsch, wenn mit Kuchen auf dem Teller über scheinbar überflüssigen Kilos gespro-chen wurde.

Wer genau das immer gesagt hat, ob meine Großeltern, Tanten, Onkel oder auch meine Eltern, weiß ich gar nicht mehr. Was ich aber sehr wohl noch weiß: Der Satz war nicht positiv gemeint. Und ich hörte diesen Satz in einer Lebensphase, in der das Thema Gewicht noch gar kein Thema war.

Dieser Satz, der hatte keine positiven Assoziationen für mich. Es war so was wie eine Generalverurteilung. Eine totale Pauschali-sierung, die Menschen mit „zu viel auf den Rippen" in eine Schub-lade gesteckt hat. Die Schublade, in der Menschen sind, die keine Disziplin haben, die nicht willensstark sind, die sich nicht zügeln können und maßlos sind.

Dabei weiß ich gar nicht, ob das wirklich alles der Wahrheit entspricht.

Eine meiner Mentorinnen hat diese Redewendung dann für mich geändert. Sie sagte: „Jedes Pfund hat seinen Grund."

Dieser Satz hat nicht nur mir, sondern auch vielen anderen Frauen Frieden gegeben. Ist es nicht irre, dass nur Veränderung eines Satzes diese Macht hat?

Aber warum eigentlich ist dieses Thema Gewicht mit so viel Angst, Schuld und Scham besetzt? Und was hat mich bewogen, über dieses Thema zu schreiben?

Das wart ihr! Meine Community. So viele Gespräche drehten sich immer wieder um das Thema Gewicht. Gemäß dem Gesetz der Anziehung ist das eigentlich ganz klar, denn in meinem Leben geht es quasi *immer* um das Thema Gewicht.

Lange Zeit dachte ich, dass es nur mir so geht. (Ganz schön arrogant, wenn ich so im Nachhinein darüber nachdenke.) Aber das Thema ist bei so vielen Frauen so gegenwärtig. Ich möchte mit diesem Buch meine Erfahrungen und auch die Erfahrungen aus meiner Praxis mit dir teilen. Es berührt mich immer wieder, wie wir uns das Leben so schwer machen und uns mit Essensentzug, Sportfoltergeräten oder anderem Quatsch quälen.

Du wirst in diesem Buch allerdings keinen Schlüssel zum Wunschgewicht (den habe ich wirklich schon gesucht) oder *das* Mittel zum Schlank-Sein finden. Glaube mir, wenn ich das hätte, würde ich es sofort mit jeder Einzelnen teilen.

Ich habe zudem gemerkt, dass die Perspektive ausschließlich auf die Ernährung völlig absurd ist. Es steckt so viel mehr dahinter. Deshalb lohnt es sich, einen Blick auf das „Gesamtbild" zu werfen.

Du wirst hier also keine Ernährungstipps oder sonstige Anleitungen finden, wie du dein Gewicht reduzieren kannst. Was du allerdings finden wirst, ist meine ungeschminkte Wahrheit. Aus 20 Jahren Diäterfahrung und aus der Art und Weise, wie ich heute damit umgehe – Real-Life-Storys, ungeschönt und nicht gefiltert, die dich dabei unterstützen können, Zusammenhänge zu erkennen und dich wieder besser verstehen zu lernen.

Wenn ich Beispiele aus meinem Leben erzähle, in denen manches nicht gut gelaufen ist, möchte ich niemandem die Schuld für irgendetwas geben. Es ist alles gut so, wie es ist. Aber ich habe im Laufe der Zeit gemerkt, dass die Glaubenssätze, die mir in meiner

Kindheit und Jugend vermittelt wurden, nicht mehr zu mir passen und – noch mehr –, dass sie nichts mit meiner Gesamtsituation zu tun haben. Mit meiner Geschichte möchte ich dich nicht zuletzt ermutigen, dasselbe zu tun.

Möglicherweise entdeckst du gar nichts Neues oder Erleuchtendes in diesem Buch. Dieses Risiko nehme ich in Kauf. Warum ich dennoch schreibe?

Vielleicht musste ich dieses Buch schreiben, um selbst „heilen" zu können, denn das Thema macht viel mit mir und beschäftigt mich mehr, als ich es für möglich gehalten habe. Und ich weiß, dass es vielen anderen Frauen genauso geht. Vielleicht ist meine Geschichte deiner gar nicht so unähnlich. Wenn du selbstbewusster und mit einem tieferen Selbstwertgefühl aus diesem Buch herausgehst, dann hat sich das Schreiben schon gelohnt.

Wundere dich bitte nicht über meine Angewohnheit, dich einfach zu duzen. Ich fühle mich meinen Leserinnen und Klientinnen auf Augenhöhe. Für mich hat das etwas von einem Gespräch mit einer lieben Freundin – und das geht in meiner Welt am besten per Du.
Ich hoffe, dass du das genauso siehst.

Und um eins von vornherein klarzustellen: Du bist eine wundervolle Frau – völlig unabhängig von dem, was die Waage oder die Kleidergröße sagen.

Kapitel 1

Anfang gut, alles gut?

Verstehen kann man das Leben oft nur rückwärts.
Doch leben muss man es vorwärts.

– Sören Kierkegaard

Natürlich schlank – so würde ich mein jüngeres Ich beschreiben. Meine Mama musste meinem Opa an seinem Sterbebett versprechen, mehr gute Butter für uns Kinder zu kaufen. Ach Opa ... was soll ich sagen? Manchmal denke ich: „Wenn du mich mal so sehen könntest ...“

Ich habe mir lange keine Gedanken um das Essen gemacht. Schon immer mochte ich lieber süße Speisen – ich würde ein Stück Kuchen immer einem Leberwurstbrot vorziehen. Aber ich habe gegessen, bis ich satt war, und gut war es. Also „eigentlich“ ein völlig natürliches Essverhalten.

Es war herrlich, denn essen war so natürlich und voller Genuss. Natürlich gab es auch weniger schöne Momente, zum Beispiel wenn ich nicht eher vom Tisch aufstehen durfte, bis ich meinen Rosenkohl aufgegessen hatte, aber immerhin hatte ich das Glück, dass es nicht allzu oft Rosenkohl bei uns gab.

Ich bin in einem Mehrgenerationenhaus aufgewachsen, wie man es heute nennen würde. Meine Großeltern wohnten mit meiner Großtante in der Wohnung über uns. Sie hatten dort ihren eigenen Haushalt und meine Familie ihren. Wir waren zwar räumlich getrennt, aber es gab viele Verbindungen. Obwohl meine Mutter unseren Haushalt selbst führte, waren wir Kinder oft bei den Großeltern und nahmen an deren Leben teil. Oft kamen wir in den Genuss, gleich zwei Mal bekocht zu werden, auch wenn das sicherlich in der Theorie anders gedacht war. Die Praxis sah so aus, dass meine Schwester und ich von den versetzen Essenzeiten mit meinen Großeltern sehr profitierten.

Es gab so viele Köstlichkeiten und besonders Nachtisch ... meine Schwester und ich durften, sehr zum Leidwesen meiner Mutter, kurz vor dem Mittagessen die Schüssel und die Rührstäbe auskratzen. Das waren wundervolle Momente, auf dem Boden in der Miniküche sitzend, während unsere Großeltern sich darüber freuten, mit welcher Hingabe wir jeden Fleck Pudding gesucht und gefunden haben.

Meine Mutter fand das weniger amüsant, weil wir dann dummerweise von ihrem Essen nicht mehr viel essen konnten. Was aber nichts mit den Kochkünsten meiner Mama auf sich hatte.

Essen war für mich immer ein kleines Fest. Wir haben alle Mahlzeiten mit der Familie eingenommen. Es war oft laut und lebhaft. Zu besonderen Anlässen gab es besondere Speisen. Mit so vielen Gerichten verbinde ich ganz wundervolle Familienmomente.

Tante Tine konnte den weltbesten Frankfurter Kranz backen und die Rindfleischsuppe gelingt mir bis heute nicht so wie ihr. Aber ich bleibe dran: Denn wenn dieser Geruch durchs Haus strömt, fühle ich mich für einen Moment wieder in meine Kindheit versetzt. Dass wir eine emotionale Verbundenheit zum Essen haben, ist völlig normal. Manche Speisen oder deren Gerüche verbinden wir mit bestimmten Situationen; ob sie negativ oder positiv sind, ist dabei erst einmal zweitrangig.

Essen ist deshalb nicht nur einfach ein Vorgang, der uns überleben lässt, sondern es ist tatsächlich eine Art Kultur.

Diesen hohen Stellenwert des gemeinsamen Essens haben Markus und ich für uns übernommen. Die gemeinsamen Mahlzeiten mit den Kindern oder auch zu zweit sind uns sehr wichtig. Dabei ist es immer sehr laut und lebhaft. Wir erzählen, wir lachen und wir diskutieren. Oft kochen wir auch zusammen – auch wenn das romantischer klingt, als es ist. Markus und ich sind nicht unbedingt kochkompatibel. Doch mittlerweile haben wir uns da recht gut arrangiert und machen uns einen Spaß daraus. Und mit entsprechendem Kochsaft (Wein) hat das noch mal eine ganz andere Atmosphäre.

Der Beginn einer zweifelhaften Karriere

In meinen ersten Lebensjahren bis ins Teenageralter hinein war essen also in erster Linie mit genießen verknüpft. Ungefähr seit ich 17 bin, haben mein Gewicht und die Frage, was ich esse (und was nicht), jedoch zunehmend mein Leben bestimmt. Ich habe meinen Körper immer mehr verachtet. Lange Jahre war mein Alltag geprägt von Selbstzweifeln und Body Shaming. Ich war so wütend auf mich und meinen Körper. Ich wünschte, ich könnte hier ein anderes Wort oder eine andere Beschreibung finden – aber das wäre gelogen.

Dahin zu kommen, heute voller Überzeugung sagen zu können, dass ich mich selbst von ganzem Herzen liebe, war ein steiniger Weg. Sehr lange habe ich meine Kilos und Rundungen mit Abscheu betrachtet. Ich habe beim Sex gern das Licht ausgemacht und Komplimente konnte ich überhaupt nicht ertragen.

Ich war es so gewohnt, dass an mir rumgezuppelt und ich darauf aufmerksam gemacht wurde, dass meine Kleidung zu eng bzw. mein Körper zu groß ist, dass ich mich innerlich immer mehr abgefunden und das Thema bewusst vermieden habe.

Dennoch war es ja da. Ich musste größere Kleidung kaufen, weil mir viele Sachen einfach zu klein geworden waren. Das ist nun mal auch von außen sichtbar. Aber darüber zu sprechen und es nicht als persönliches Versagen zu empfinden, das konnte ich sehr lange überhaupt nicht.

Schon während meiner Ausbildung empfand ich mich als zu dick. Wenn ich mir heute Fotos aus dieser Zeit anschaue, schüttele ich nur den Kopf, wenn ich diese 1,84 Meter große Frau sehe, die zwar keine 60 Kilo mehr wiegt, die aber alles andere als dick ist.

Meine damalige Selbstwahrnehmung wurde sehr geprägt durch das Feedback, was ich von außen bekam. Vor gar nicht langer Zeit hat ein Außenstehender zu dieser Zeit gesagt: „Tja, Ellen war rank und schlank, und dann fing sie an zu arbeiten, wo ein McDonalds auf dem Weg lag. Da war die Figur hin."

Kommentare, lapidare Sprüche und auch „gut gemeinte" Bemerkungen haben mich sehr getroffen. Ich wurde ungefragt mit Diätratgebern und Fitness-Tipps versorgt, ob ich wollte oder nicht. Einfach nur zu essen, ohne kommentiert zu werden, war kaum mehr möglich. Beim Nachnehmen wurde mir oftmals ein geringschätziger Blick zugeworfen mit dem Kommentar: „Bist du dir sicher? Meinst du nicht, du hast schon genug?"

Solche Sprüche und Kommentare machen etwas mit einem, auch wenn vielleicht keine böse Absicht dahinter stand.

Essen wurde für mich zu einem Riesenthema und hat jede Form der Natürlichkeit oder auch des „Schönen" verloren. Das war wahnsinnig anstrengend. Bei jedem Bissen hatte ich ein schlechtes Gewissen oder musste mich innerlich rechtfertigten. Ich verachtete mich immer mehr, weil ich mir schwach und undiszipliniert vorkam.

Als ich nach meiner Ausbildung nach Hamburg ging, fühlte ich mich wie befreit. Einfach durch die Stadt laufen zu können, ohne jemanden zu treffen, den ich kannte. Die Erfahrung, dass es einfach keinen Menschen interessierte, wie ich rumlaufe, welche Kleidung ich trage, ob ich geschminkt oder ungeschminkt bin, war völlig neu für mich. Und ich habe es geliebt.

Die Freiheit bezog sich natürlich auch aufs Essen. Wahnsinn, welche Möglichkeiten es hier gab. Und das blieb nicht ohne Folgen. Schließlich wusste ich da auch noch nicht, was ich heute weiß. Essen war auch ein wunderbarer Trostspender, wenn ich mich nach meiner Familie und meinen Freunden sehnte.

Und so wuchs das schlechte Gewissen parallel zu meiner Konfektionsgröße. Die Folge war: Ich wurde noch härter zu mir.

Als ich dann recht ungeplant, aber nicht ungewollt schwanger wurde, hat mein Körper auf einmal vieles für mich geregelt. Nach der Entbindung war ich zehn Kilo leichter als vor der Schwangerschaft – fast zu schön, um wahr zu sein. Ehrlich – zum Babyschwimmen konnte ich im Bikini gehen. Was für ein Gefühl! Dazu noch die Anerkennung und Bewunderung von außen ... das war fantastisch.

Wie du an der Zeitform erkennen kannst, *war* es fantastisch, denn meine alten Muster und Glaubenssätze holten mich schnell wieder auf den Boden der Tatsachen zurück. Die Hosen wurden wieder enger und das tolle Körpergefühl ließ alsbald nach.

Da ich auch wieder in meinem gewohnten Umfeld war (und nochmals – niemanden trifft hier eine Schuld) gingen auch die Kommentare zu meiner Figur und Tipps, wie ich mein Gewicht reduzieren könnte, wieder los. Ich bin immer wieder erstaunt, welche Menschen einem ungebeten ihre Erfahrungen und Ratschläge unter die Nase reiben – natürlich immer nur mit der Absicht, helfen zu wollen. Ich empfinde das als extrem anstrengend. Diese ganzen Kommentare haben so viel verletzendes Potenzial. Dabei nährt es ja nur die Unzufriedenheit der Person, die das gesagt hat.

Da ich es total geil fand, schlank zu sein, wollte ich diesen Zustand auch unbedingt wieder zurück. Den Gedanken, dass ich überhaupt nicht dick bin oder dass mein Körper wunderbar ist, den hatte ich leider nicht.

Mir wurde recht schnell ein Programm empfohlen, bei dem du essen kannst, was du möchtest, solange du in einem bestimmten Punkte-Rahmen bleibst. Also wurden Punkte aufgeschrieben. Essen wurde in gut oder schlecht sortiert – Kartoffeln und Reis waren gut, Nudeln nicht. Ich kann mich noch gut erinnern, wie ich meine geliebten Nudeln in kleine Tassen gezwängt habe, weil mein Punkte-Konto nicht mehr hergab.

Essen bekam so noch mehr Bedeutung. Meine Gedanken kreisten um Rezepte und die Frage, wie viel ich laufen muss, damit ich mir einen Kinderriegel leisten kann.

Meine geliebten Süßspeisen hatten so viele Punkte, dass ich sie mir erst völlig verboten und dann einfach heimlich gegessen habe. Vorzugsweise, wenn das Licht aus war. Das war wie Versteckspielen mit meiner Tochter, die dann einfach die Hände vors Gesicht hielt und rief: „Such mich!" Sie dachte ja wirklich, wenn sie niemanden sehen kann, dann wird sie auch nicht gesehen. So ähnlich dacht wohl auch ich: Wenn ich im Dunkeln nicht sehe, was ich esse, hat es auch keine Punkte.

Das einzige Gute an dieser Zeit war, dass ich tatsächlich niemals bei so einem Treffen war. Das mag daran liegen, dass ich mich extrem für mein Gewicht geschämt habe – die Vorstellung, auf die Waage zu stehen, wenn jemand dabei zusieht, empfand ich deshalb als völlig absurd.

Die beste Diät, die es gibt

Du legst dich ins Bett, vorzugsweise mit Eiscreme, schläfst entspannt und nimmst ab – hört sich das nicht fantastisch an?

Das war meine Idealvorstellung von „Schlank im Schlaf". Doch meine Realität sah anders aus. Nach der Geburt meiner zweiten Tochter ging ich, wie nach der ersten Schwangerschaft auch, deutlich leichter und in normalen Hosen aus dem Krankenhaus nach Hause.

Nach der Stillzeit kamen auch meine Muster wieder, aber in meinem Kopf war immer noch dieser Gedanke von 1,84 Meter und einem Körpergewicht von 70 Kilogramm. Davon war ich einige Kilos entfernt. Das mit den Punkten war mir mit zwei kleinen Kindern allerdings zu anstrengend, also musste etwas Einfacheres her.

Irgendwann saß ich dann in einer Infoveranstaltung, in der es darum ging, die bösen Kohlenhydrate zu vermeiden, sich viel zu bewegen und den Stoffwechsel zu aktivieren. Man brauchte keine speziellen Lebensmittel, gezählt wurde auch nicht. Drei Mahlzeiten am Tag – alles fein. Ja gut, die ersten zwei Tage waren sogenannte Zündungstage ... an diesen Tagen durfte man ausschließlich Kohlsuppe essen, danach sei der Stoffwechsel richtig aktiviert und man verliere das Gewicht quasi von allein.

Leute, habt ihr euch schon mal zwei Tage ausschließlich von Kohlsuppe ernährt? Habt ihr das schon mal getan, wenn ihr zwei Kinder im Alter von drei und einem Jahr habt?

Ich hatte so Hunger, meine Laune war Kohlsuppen-mäßig voll im Keller. Ich musste ständig pupsen und mein Bauch sah aus, als wäre ich wieder schwanger.

Während ich das so schreibe, denke ich: „Ellen, wieso hast du dir das so angetan? Du bist doch eine tolle Frau, du hast bezaubernde Kinder, die dein Körper ausgetragen hat. Was ist denn nur mit dir los?" Gute Frage ...

Ich hatte die Entscheidung getroffen, dass ich nicht gut genug bin, dass mein Körper nicht in entsprechende Maße passt (völliger Bullshit), und dass meine Figur total viel über mich aussagt. Und für eine gute Figur muss man auch viel auf sich nehmen. Es ist nicht so einfach.

Von nix kommt eben nix. Essen ist im Allgemeinem die böse Wurzel allen Übels.

Wie oft ich ganz früh ins Bett gegangen bin, weil ich *Hunger* hatte.

Oder wie oft ich mich geschämt habe, weil ich der Versuchung etwas zu essen einfach nicht widerstehen konnte oder das Essen einfach nicht gegessen habe, während alle anderen um mich herum genussvoll geschlemmt haben.

Ich erinnere mich gut an einen Kindergeburtstag. Ich hatte Kuchen gebacken und als die Gäste kamen und der Kuchen verputzt wurde, habe ich nichts gegessen. Dadurch, dass ich auch immer wieder ein Kind auf dem Schoß hatte, dem ich beim Essen geholfen habe, ist es nicht mal jemandem aufgefallen.

Ich meine, wie krass ist das denn? Jede von uns, die backt und kocht, weiß, dass es viel Arbeit ist. Und ich habe mich und meinen Körper so gehasst, dass ich mir nicht gegönnt habe, diesen Kuchen dann auch zu genießen. Und es war mir überhaupt nicht bewusst. Ich dachte, dass dieses Verhalten völlig normal ist.

Ob Intervall-Fasten, Eiweißshakes oder Tabletten, die angeblich das Fett ausspülen – ich habe diese Diäten alle durch. Von dem Geld, das ich in all das, was angeblich schlank machen soll, gesteckt habe, könnte ich für eine sehr lange Zeit in einem Fünf-Sterne-Resort Urlaub machen.

Diese Programme haben mich deshalb so angesprochen, weil ich mich so unzulänglich gefühlt habe und ein großer Schmerz in mir war. Ich wollte unbedingt schlank sein. Aber im Grunde war es eine riesige Energieverschwendung.

Vielleicht bist du ja gerade noch in diesem Diät-Hamsterrad gefangen. Dann frage ich dich: Welchen Schmerz möchtest du lindern? Was versprichst du dir von einer Diät?

Wie gehst du mit dir und deinem Körper um? Wie siehst du dich? Wie empfindest du deinen Körper?

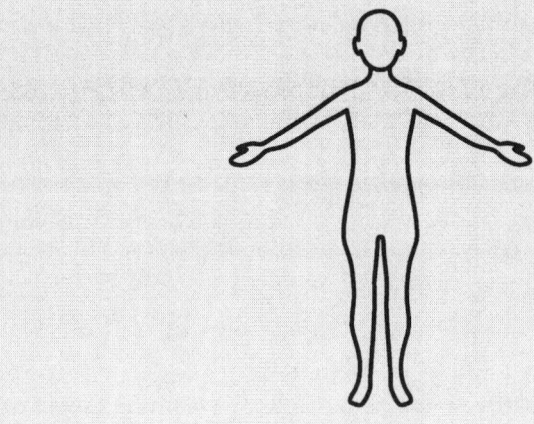

Heute wissen wir, dass Diäten einfach keinen Sinn ergeben. Die Veränderungen der Handlungen, die von unserem Bewusstsein gesteuert werden, bringt leider nichts. Doch dazu später mehr.

Diäten sind oft als kurzfristige Veränderung der Lebensumstände verstanden worden. Die 7-Tage-5-Kilo-weniger-Diät beispielsweise. Doch so sollte der Begriff Diät nicht verstanden werden.

Das Wort Diät kommt ursprünglich aus dem Altgriechischen und bedeutet „Lebensführung" oder „Lebensweise". Wenn wir uns also entschließen, eine Diät zu machen, dann bedeutet das doch nichts anderes, als dass wir uns entscheiden, unsere Lebensweise zu verändern, und zwar auf Dauer.

Für mich ist es keine Alternative – und das sage ich heute mit viel Erfahrung –, ein Leben lang Punkte zu zählen, ausschließlich zu bestimmten Zeiten zu essen oder obwohl ich Hunger habe nicht zu essen, nur weil es gerade der falsche Zeitpunkt ist.

Wenn ihr so wollt, habe ich mich entschlossen, von nun an eine Diät zu machen. Diese ist völlig anders, als das, was ich gelernt habe oder was mir beigebracht wurde.

Ich habe mein Gewicht lange Zeit zu meinem absoluten Lebensthema gemacht. Ich würde jetzt gern sagen, dass das gesellschaftliche Ursachen hatte oder an meinem Umfeld lag – doch damit würde ich es mir zu einfach machen. Niemand hat mich gezwungen, darüber so viel nachzudenken. Niemand hat diese Gedanken in meinen Kopf eingespeist. Ich habe selbst diese Entscheidung getroffen. Das war mir lange Zeit nicht bewusst. Ich habe sehr bereitwillig die Verantwortung für diesen Zustand abgegeben. Wenn die sich anders verhalten hätten, wäre ich heute nicht so ... vielleicht kennst du diese Gedanken. Doch die Wahrheit ist, und mir das einzugestehen fiel mir sehr schwer: Ich habe mich mit diesem Thema identifiziert.

Was oder wer wäre ich ohne diese Geschichte? Was oder wer wäre ich, wenn ich meinen Körper nicht als Makel empfinden würde, sondern als vollkommenes Wunder?

Ich für mich kann nur sagen: Ich wäre echt glücklich. Oder besser formuliert: Ich bin richtig glücklich.

Wer oder was definiert denn, wann und mit welchem Gewicht ich glücklich sein kann?

Richtig – niemand, nur ich. Es muss auch niemand von außen verstehen oder gar gutheißen. Auch, wenn wir das im Allgemeinen sehr gern haben, wenn wir Zustimmung bekommen, aber im Grunde genommen ist es einfach scheißegal.

Doch ich will dir nichts vormachen: Das ist nicht einfach so da gewesen. Viele Coaches haben sich an mir die Zähne ausgebissen. Ich habe so an diesem Thema festgehalten und mich darüber identifiziert. Oft habe ich gehört: „Ellen, du musst nur loslassen, dann kommt alles andere von allein." Oder: „Du bist eine wunderschöne Frau – das musst du erst begreifen."

Ach, echt? Muss ich das? Wie soll das denn gehen, wenn kein BH mehr passt, ich im Kleid aussehe wie eine Presswurst und meine Jeans an den Oberschenkel-Innenseiten aufplatzten?

Meinen Körper lieben zu können, war – so traurig das auch ist – ein sehr langer und schwerer Prozess. So oft denken wir, dass wir erst etwas sein müssen oder wie wir sein müssen, um perfekt zu sein.

Heute kann ich sagen, ja, ich liebe meinen Körper. An manchen Tagen vielleicht etwas mehr als an anderen, aber auch das ist okay. Ich für mich habe meinen Wert erkannt und lebe diesen – unabhängig von meiner Kleidergröße. Deshalb gehe mit mir und meinen Hoffnungshosen, die gerade nicht passen, heute viel liebevoller um.

Welchen Weg ich gegangen bin, welche Erfahrungen ich gemacht und welche Erkenntnisse ich gewonnen habe, möchte ich gern mit dir teilen. Ich möchte dich einfach ermutigen.

Wenn du dich entscheidest, dich und deinen Körper so zu akzeptieren, wie du bist, und dir und damit deinem Körper das zu geben, was ihr wirklich braucht, dann ist das die beste Diät – die beste Lebensweise –, die es gibt.

Wir sind, was wir denken

Wir sind, was wir denken. Unsere Gedanken formen unsere Realität.

Stell dir mal vor, du wärst in einem völlig anderen Umfeld geboren und aufgewachsen. Stell dir mal vor, deine Eltern, Großeltern, Onkel und Tanten, Lehrer und Lehrerinnen und wer auch immer Einfluss auf dich hat, hätte noch nie etwas von dem Thema Gewicht gehört. In deinem Leben gibt es keine Medien, die Einfluss auf dein Denken haben. Was denkst du, wie wäre dann deine Einstellung zu dem Thema?

Reflektiere einfach mal: Waren die Figur und das Essen bei euch in der Familie ein Thema?

Hat sich deine Mutter in ihrer Haut wohlgefühlt?

Gab es nach „üppigen" Festtagen erst mal ein paar Tage Gemüsesuppe, damit die Hose wieder passte? Vielleicht wurde am Abend das Abendessen ausgelassen, weil Essen am Abend nicht gut ist.

Wurde dir öfter suggeriert, mal endlich mehr zu essen, damit du was wirst?

Wenn du etwas angezogen hast, hörtest du dann Sprüche wie „Du siehst aus wie Schneewittchen – ohne Arsch und ohne Tittchen" oder „Iss mal ordentlich – kein Mann spielt gern mit Knochen"?

Die meisten dieser Sprüche sind gar nicht böse gemeint, sie haben aber eine enorme Wirkung auf unser Selbstbild und unseren Körper. Hören wir solche Aussagen, bekommen wir ganz schnell ein Unzulänglichkeitsgefühl. Unser Unterbewusstsein, das für 95 Prozent für unseres Denken und unserer Handlungen verantwortlich ist, kann die „Ist doch nur Spaß"-Kategorie nicht herausfiltern. Es kennt nur die *eine* Wahrheit.

Wenn du einen Spruch dieser Art hörst, selbst, wenn er nicht mal dir gegolten hat, wird er als Wahrheit abgespeichert.

Als Kind übernehmen wir die Wahrheiten unseres Umfeldes, jedenfalls bis zu einem gewissen Punkt. Unsere Prägungen haben einen großen Einfluss darauf, was wir denken und wie wir uns fühlen. Die Art der Gespräche, die um dich herum oder auch mit dir geführt wurden, prägen das, was du denkst.

Kannst du dir vorstellen, dass es deine Gedanken und deine Prägungen sind, die maßgeblich etwas mit deinem Selbstbild, deinem Gewicht und auch der Bedeutung von Essen zu tun haben?

Dein Körper ist einfach wundervoll und absolut liebenswert, egal, welche Form, welches Gewicht oder welches Aussehen er hat. Alles an dir ist genau richtig und du bist einfach perfekt genauso wie du bist. Das ist „eigentlich" das, was dir jeden Tag auch mehrfach jemand hätte sagen dürfen.

Deine Prägungen zum Thema Essen, Körper und dein Selbstbild sind so wichtig. Es geht dabei, wie ich schon gesagt habe, gar nicht darum, zu verurteilen oder zu bewerten, sondern einfach nur darum, deine Gedanken wahrzunehmen und selbst zu entscheiden, was du denken möchtest. Und zu erkennen, welche Gedanken übernommen sind. Warum das so wichtig ist? Unsere Gedanken werden zur Realität. Wir erschaffen uns unsere Wirklichkeit.

Aber wenn das stimmt, warum habe ich dann nicht das, was ich will? Warum hat mein Körper dann nicht schon lange seine absoluten Traummaße?

Diese Frage – ehrlich – habe ich mir schon unzählige Male gestellt.

Meines Erachtens gibt es dafür gerade mehrere Gründe:

1. Ich darf meinen Körper lieben und mich wohlfühlen – unabhängig von meinem Gewicht. Es klappt auch tatsächlich bewusst schon recht gut.

2. Meine „alten" Muster und Gedanken sind wie Gummibänder. Sie ziehen mich sehr gern und sehr häufig immer wieder

zurück in meine alten Denkweisen. Deshalb heißt es einfach dranbleiben. Je geübter ich mit meinen „neuen" Gedanken bin, desto mehr lässt die Macht der Gummibänder nach.

3. Wer weiß, was das Universum mit mir vorhat und wie der Plan ist? Warum schlank sein, vielleicht grad *jetzt* in diesem Moment nicht dran ist? Es schafft einen großen inneren Frieden, wenn du aufhörst, zu kämpfen. Ich kämpfe nicht mehr gegen etwas an. Es ist, wie es ist, und das ist auch gut so.

Kapitel 2

Spielentscheidend ist das Warum

*Ich wache jeden Morgen mit dem Glauben auf,
dass heute besser als gestern sein wird.*

– Will Smith

„Du hast doch so lange Beine – du müsstest hauptberuflich sprinten." Tatsächlich konnte ich mit dem Bereich Leichtathletik nicht viel anfangen, außer ausgiebig darüber zu lachen, besonders beim Weitwurf. Was ich da abgeliefert habe, war alles, nur nicht weit.

Doch ich habe mich immer viel und gern bewegt. Mit zehn Jahren begann ich, mehrmals die Woche Handball zu spielen, zu Freundinnen und auch zur Schule fuhr ich mit dem Rad.

Bewegung habe ich nicht als böses Übel in Erinnerung. Natürlich habe ich mal ein Training geschwänzt oder ich habe „spontan" meine Tage bekommen und konnte vor lauter Bauchkrämpfen nicht mitmachen, aber das waren die Ausnahmen.

Sport zu treiben, war so normal wie zur Schule zu gehen. Es hat mir total viel gegeben. Ich denke gern an meine Zeit als Handballerin. Im Team zu trainieren, sich auszutauschen, zu gewinnen und auch zu verlieren, die gemeinsamen Stunden im Bulli, die wir zu Spielen unterwegs waren, oder auch die Heimspiele vor unserem Publikum, das war wirklich toll.

Doch als ich mit meiner Ausbildung zur Gesundheits- und Krankenpflegerin anfing, änderten sich meine Prioritäten. Durch die ständige Wechselschicht, jedes zweite Wochenende Dienst, einen Freund und den Wunsch, es am Wochenende auch mal krachen zu lassen, spielte ich immer seltener Handball, bis ich gar keine Zeit mehr dafür hatte – oder keine Lust, wie man es nimmt.

Es gibt viele Gründe, nicht zum Sport zu gehen

Aber weil mir Sport ja auch wichtig war, gab es eine ganz einfache Alternative: das Fitnessstudio. Flexible Öffnungszeiten, tolle Kurse und Geräte, was will frau eigentlich mehr. Selbst an meiner Mobilität scheiterte es nicht, da ich mit meinem Auto schließlich überall hinfahren konnte. Sportlich unabhängig. So stellte ich mir das vor.

Ich kann nur sagen, dass es ein großes Glück für jedes Fitnessstudio ist, wenn ich mich da anmelde. Leichter kann man sein Geld nicht verdienen ...

Hochmotiviert meldete ich mich an und nahm unfassbar geile Angebote in Anspruch. Doch dann wurde aus drei bis fünf Mal Training pro Woche ein Mal, dann alle 14 Tage und dann einmal im Monat. Und dann war ich ganz schnell bei: „Scheiße, wieder die Kündigungsfrist verpennt, aber jetzt ist es zu peinlich, da wieder hinzugehen."

Diese Idee mit dem Fitnessstudio, die kam mir nicht nur einmal, sondern immer mal wieder. Aber ihr glaubt gar nicht, wie müde man als Auszubildende, frisch examinierte Gesundheits- und Krankenpflegerin, junge oder berufstätige Mutter ist. Für Sport war ich einfach viel zu beschäftigt oder zu ausgepowert. Und überhaupt lief ich ja bei der Arbeit und mit den Kindern genug.

Meine Gründe, nicht hinzugehen, waren zahlreich. Klar schmerzte der Monatsbeitrag, aber nicht so sehr wie der auf mich zukommende Muskelkater. Das konnte mein Bankkonto besser verkraften als ich. Und dieser Aufwand: immer erst umziehen, ins Auto steigen, dann wieder nach Hause gurken.

In dieser Situation half nur eine Lösung: mache ich doch einfach da Sport, wo der Aufwand möglichst gering ist und ich nicht mal einen Babysitter für meine Kinder brauchte. Das war der Beginn einer langen Reihe der Anschaffung meiner Fitness Geräte. Ein „Bauchtrainer", Bein-Former, Cross-Walker, Rudergerät, Flexi-Stab, Minitrampolin ... ja, die Liste ist tatsächlich sehr lang. Hanteln, Handgewichte und Therabänder durften auch nicht fehlen.

Ich habe die vielseitigen Anwendungsmöglichkeiten eines Crosstrainers oder des Rudergerätes ausprobiert. Kleidung zum Beispiel lässt sich hervorragend darüber werfen. Das hat auch noch den Vorteil, dass frau sich den vorwurfsvollen Anblick des Gerätes erspart. Denn auch hier war meine Anfangsmotivation recht schnell verpufft. Die Tage waren so anstrengend, dass die Couch abends eine viel höhere Priorität hatte als sämtliche Sportaktionen.

Und das ist wirklich auch kein Wunder. Es ging bei diesen jahrelangen Versuchen überhaupt nicht mehr um mich. Es ging nicht mehr um den Spaß, den ich beim Trainieren hatte. Das alles hatte mit Spaß nichts mehr zu tun. Meine Motivation war, dass ich meinen Körper verändern wollte, dass ich dachte, ich müsste das jetzt tun, um abzunehmen. Es ging immer nur darum, Pfunde loszuwerden.

Lange dachte ich, diese Motivation kennen nur die Menschen, die ihrem Gefühl nach ein paar Kilos zu viel auf den Rippen haben. Weit gefehlt. So viele Frauen möchten ihren Körper verändern, weil sie sich unwohl fühlen. Sie wünschen sich wahlweise Kurven oder Muskeln – auf jeden Fall eine andere Körperform.

Sich unwohl in seinem eigenen Körper zu fühlen und dann auch noch in einen Raum zu gehen, der aus lauter Spiegeln besteht – das ist eine große Challenge. Viele Frauen, die sich in ihren Körper bzw. mit ihrem Körperbild nicht wohl fühlen, halten es kaum aus, sich selbst im Spiegel anzuschauen.

In der eigenen Wahrnehmung ist der eigene Körper ja so hässlich, so dick, so dünn. Wir sehen uns mit so kritischen Augen, dass es sehr schwer ist, das geballt auszuhalten. Und wir dürfen auch nicht vergessen, dass wir uns ja so gern vergleichen. Dass das weder gut ist noch uns glücklich macht, wissen wir theoretisch – und wir tun es trotzdem. Und dann stehen wir in einem großen Raum voller Spiegel, blicken uns um und sehen all die tollen Körper der anderen. Damit ich das nicht aushalten musste, bin ich halt einfach nicht mehr hingegangen.

Jeder, der sich schon mal mit dem Thema Motivation auseinandergesetzt hat, weiß, dass es zwei Arten von Motivation gibt. Die extrinsische – also die Motivation von außen – und die intrinsische Motivation, also der innere Antrieb.

Wenn ich also Sport mache, weil ich meinen Körper verändern möchte, damit er (eher) bestimmten Idealen, die von außen kommen, entspricht, was meinst du, wie lange diese Motivation anhält?

Darüber hinaus spielt auch unsere emotionale Verbindung mit der Bewegung eine Rolle. Welche Erinnerungen und Erfahrungen verknüpfst du mit Sport?

Ich erinnere mich an den Schulsport, wo wir alle in einer Reihe standen, die Coolsten der Klasse wählten die Mannschaften und man wartete, bis man das kleinere Übel unter den noch Übriggebliebenen war – gruselig. Oder das Geräteturnen im Sportunterricht. Ich sehe immer noch den Bock vor mir, über den ich mithilfe des Sprungbretts springen sollte ... mit langen Beinen ist das doch wirklich kein Problem – denkst du. Einer von vielen bitteren Momenten war, als der Bock und ich zusammen auf der großen blauen Matte lagen – weil ich ihn einfach mitgerissen hatte. (Es gab auch einige Jungs, die nicht über den Bock gesprungen sind, sondern auf ihn – ob die heute Kinder haben, müsste ich mal in Erfahrung bringen.)

Du siehst, bei mir hat das Thema Schulsport einige emotionale Verknüpfungen hinterlassen, die nicht gerade positiv sind. Doch ich habe ja auch noch Handball gespielt. Und da gibt es viele positive Verknüpfungen aus dem Training: miteinander lachen, miteinander völlig erschöpft auf den Boden fallen und sich gemeinsam wieder aufhelfen, Medizinbälle zuwerfen und hoffen, dass man ihn fängt – vorzugsweise nicht mit dem Gesicht.

Ich habe lange Zeit nicht mehr an diese Zeit gedacht. Ich war so darauf aus, eine Veränderung meines Körpers zu sehen, dass ich mich gar nicht um mein Warum gekümmert habe.

Was ist dein Warum?

In der Zeit, als ich im Nachtdienst auf einer Palliativstation beschäftigt war, entdeckte ich Sport als neue Bewältigungsstrategie. Wie du dir vielleicht vorstellen kannst, ist die Tätigkeit auf einer Palliativstation nicht unbedingt eine leichte Arbeit. Sie war zwar körperlich nicht so anstrengend wie auf vielen anderen Stationen, aber mental war es eine wirkliche Herausforderung. Es gab viele Situationen und viele Menschen und ihre Geschichten, die ich mit nach Hause genommen habe.

Der Herbst 2010 hatte es richtig in sich und es fiel mir zunehmend schwer, meinen Kopf freizubekommen.

Nachdem eines Nachts ein recht junger Mann nach einem harten Kampf in den Armen seiner Angehörigen gestorben ist und die Verzweiflung und die Traurigkeit kaum auszuhalten waren, konnte ich nach meinem Dienst kaum schlafen. Mein Kopf war einfach voll.

Ich spürte, dass ich Raum brauchte. Ich war müde, aber ich konnte meine Gedanken nicht abstellen.

Also habe ich mir nach ein paar Stunden unruhigen und leichten Schlafs Sportsachen angezogen und bin losgetrabt. Joggen würde ich es nicht nennen, aber ich bin gelaufen.

Es war schwer, doch mit jedem Schritt wurde es ruhiger in meinem Kopf. Die Stille im Wald, das kontinuierliche Geräusch meiner Schritte und meines Atems und sogar das Seitenstechen hatten etwas sehr Heilsames.

Meine Gedanken durften einfach wild drauflos rasen. Ich musste nichts tun, außer laufen und atmen.

Was für eine Wohltat. Seit langer, langer Zeit empfand ich es als angenehm, mich sportlich zu bewegen. Wer hätte das gedacht?

Von da an war das Laufen meine Art, Stress zu kompensieren. Es ging nicht um meine Figur oder meinen Körper. Ich machte nur endlich wieder die Erfahrung, dass ich mich während und nach dem Laufen sehr gut fühlte. Es war total schön.

Eine ehemalige Arbeitskollegin, die täglich Sport treibt, habe ich einmal gefragt, wie sie das schafft. Sie verstand meine Frage überhaupt nicht. Ich meinte: „Wie schaffst du das, neben deiner Arbeit, dem Haushalt und deinen drei Kindern täglich Sport zu machen? Wie kriegst du das im Alltag hin?"

Ihre Antwort lautete: „Ellen, ich muss nichts hinbekommen. Der Sport ist mein Alltag. Er ist ein täglicher Begleiter und für mich genauso normal und im Tagesablauf integriert wie das Ausräumen der Spülmaschine."

Gerne würde ich schreiben, dass das Laufen seitdem ein fester Bestandteil meines Alltags ist, doch das ist es nicht. Es gibt immer wieder Phasen in meinem Leben, in denen ich viel laufe, und es gibt Phasen, in denen ich wenig laufe. Doch etwas Entscheidendes ist passiert: Mein Warum hat sich verändert.

Heute gehe ich nicht laufen, weil ich meinen Körper verändern oder weil ich abnehmen möchte. Ich gehe laufen, um meine Kondition zu verbessern. Ich gehe laufen, um meinen Kopf freizubekommen. Ich gehe laufen, weil ich es kann. Ohne Zwang und ohne irgendjemandem etwas beweisen zu müssen.

Ich richte mir auch gerade ein Fitness-Zimmer ein. Ob die Motivation diesmal länger hält? Keine Ahnung. Das Gefühl ist jedenfalls gerade ein ganz anderes. Es geht nicht darum, meinen Körper zu quälen oder zu trainieren, um einer bestimmten Vorstellung zu entsprechen. Es geht darum, dass ich mich gern wieder verausgaben und meine Muskeln spüren möchte, und dass ich Spaß daran habe, meine Grenzen zu sprengen.

Vielleicht mache ich das, weil ich meinen Körper heute so liebe.

Sportlicher, als du je geglaubt hast

Der Sport hat mich gerettet.

Lange habe ich vor diesem Satz gesessen. Kann ich das in dieser Eindeutigkeit wirklich so schreiben? Ist das nicht etwas übertrieben?

Nein.

Der Sport hat mich 2013 gerettet.

Nachdem ich meinen Job als Gesundheits- und Krankenpflegerin gekündigt hatte und Markus und ich uns in einer krassen Krise befanden, war meine Welt völlig aufgewühlt.

Mir fehlte eine Perspektive. Was sollte ich denn den ganzen Tag lang tun? Putzen? Backen? Shoppen?

Eine Freundin hatte damals gerade mit Spinning angefangen. Als wir einmal miteinander telefonierten, fragte ich einfach: „Kann ich vielleicht mal mitkommen?" Ja, ich konnte mitkommen. Ich wusste nicht genau, was Spinning ist, außer, dass man auf einem speziellen Bike sitzt und sehr viel dabei schwitzt; dass es verschiedene Programme, tolle Musik und nette Leute da gibt, das wusste ich nicht. Und schon nach der ersten Stunde war klar: Ich hatte eine neue Beschäftigung, die mir auch noch sehr viel Spaß machte.

Das machte mich mutiger. Also blätterte ich in unserem Vereinsheftchen und schaute, was darüber hinaus angeboten wurde. Und tatsächlich: Es gab noch zwei aufeinanderfolgende Kurse, die ich sehr interessant fand. Dort bin ich auch einfach mal hingegangen und habe mich in Aerobic und Pumpgym ausprobiert. Auch das machte ungewöhnlich viel Spaß und schon waren zwei Vormittage mit Sport belegt.

Nachdem ich Sport nun tatsächlich in meinen Alltag integriert hatte, sprach mich der Sportverein an, ob ich mir nicht vorstellen könne, Übungsleiterin zu werden. Kein Witz – ich sollte Trainerin werden. Nachdem ich den ersten Schock verdaut hatte, fand ich das Angebot gar nicht so schlecht. Du bekommst Geld für dein Hobby ... das hat schon was.

Und da war sie – eine berufliche Perspektive, eine Aussicht. Ich habe mich daraufhin für eine Intensiv-Trainer-Ausbildung angemeldet. Die Sportkurse konnte ich vormittags geben, wenn die Kinder zur Schule waren.

Es war der Beginn meiner Selbstständigkeit. Meine Karriere, das, was ich heute bin, begann mit einer Ausbildung zur Sporttrainerin. Das war eine krasse Zeit. Nachdem ich meine Weiterbildung und viele weitere Kurse abgeschlossen hatte, bekam ich eine Anstellung, um Wirbelsäulengymnastik zu geben. Drei Stunden die Woche – ein ganz entspannter Einstieg. Doch direkt, nachdem ich angefangen habe, fiel eine Kollegin aus. Auf einmal war ich mit 14 Stunden Sport die Woche dabei. So viel zum sanften Anfang.

Ich habe alles gemacht – Aerobic, Step-Aerobic, Wirbelsäulengymnastik und Hockergymnastik. Ganz am Anfang zweifelte ich daran, dass ich kann, und fürchtete, dass ich doof aussehe und kein Rhythmusgefühl habe. Völliger Bullshit. Die Schritte zu kombinieren, mir auch selbst wieder Hürden einzubauen, es hat einfach super viel Spaß gemacht. Nicht nur mir, sondern auch den Teilnehmern.

Wenn mir ein paar Monate früher jemand gesagt hätte, dass die, deren Fitnessgeräte zu Hause verstauben, auf einmal hauptberuflich sportelt – ich hätte jeden ausgelacht. Und jetzt stand ich vor dem Spiegel und habe das erste Mal in meinem Leben so gern hingeschaut. Mir waren mein leuchtend roter Kopf und meine Schweißränder unter dem T-Shirt einfach egal und ich war in jeder Stunde von mir selbst begeistert. Ich habe etwas möglich gemacht, was ich und viele andere immer für unmöglich hielten. Ich habe auf einmal gesehen, wozu mein Körper fähig ist.

Der Sport hat mir eine Perspektive gegeben und hat mich so wachsen lassen.

Warum ich die Tätigkeit als Trainerin 2018 dennoch an den Nagel gehängt habe? Das ist ganz einfach.

Ich habe 2014 wieder angefangen zu lernen. Diese Lust auf Wissen hat in mir ein Feuer entfacht. Einen riesigen Durst nach Wissen, der auch immer noch nicht gestillt ist. Ich gehe meinen Weg und schaue, was er mir bringt. Dabei verändert sich der Fokus.

Die Wahrscheinlichkeit, dass ich wieder Sportkurse gebe, in welcher Form auch immer, ist sehr gering. Aber dennoch ist es bei den Seminaren, die ich gebe, auch toll, eine Pilates-Einheit (ja, ich bin ausgebildete Pilates-Trainerin) anbieten zu können. Einfach so. Oder bei der AG, die ich ehrenamtlich an der Schule gebe, sind gewisse Sport-Einheiten wirklich von Vorteil. Spaß macht es allemal.

Außerdem es ist grad ein Riesenvorteil, wenn ich mir mein Fitness-Zimmer einrichte, weil ich die Grundlagen einfach gelernt habe. Immer, wenn ich an mir und meinem Körper zweifle, weil die Kondition so schlecht ist oder es mir nicht schnell genug geht, brauche ich nur auf meine Sammlung an Sportsachen zu schauen, und ich weiß, sofort, dass ich zu viel mehr in der Lage bin, als ich jemals gedacht habe. Sport ist für mich keine Strafe, sondern eine Belohnung. Ich mache keinen Sport, weil ich es muss, sondern weil ich es kann und will.

Sport hat heute eine völlig andere Bedeutung als früher. Ich tue es für mich und für niemanden sonst. Weil ich weiß, dass ich mich anschließend so gut fühle.

Es geht auch nicht darum, mir anschließend mehr Essen gönnen zu dürfen. Von diesem Prinzip, dass ich mit Sport quasi Punkte gut mache und mehr essen darf, musste ich mich auch erst einmal lösen.

Meine Bewegung hat heute einen völlig anderen Charakter. Mein Fitnesszimmer ist aus einem tiefen inneren Wunsch entstanden. Es gibt Tage, da bin ich hoch motiviert und es gibt Tage, da müssen die Motivation und ich uns erst mal unterhalten, aber dieses große MUSS ist raus. Dafür ist ein ganz starkes ICH WILL gewachsen.

Was würde sich in deinem Leben ändern, wenn du anstatt „Ich muss" nur noch „Ich will" sagen würdest?

Mir nimmt das so viel Druck.

Lars Amend schreibt in seinem Buch „Why Not": „Wenn du etwas verändern möchtest, mach eine Challenge draus. Du kannst dir z. B. eine Challenge setzen. Die nächsten 30 Tage setzt du dir ein Ziel wie beispielsweise dreimal die Woche eine große Runde zu laufen. Was auch immer für dich passt. Der Vorteil ist, du weißt, dass diese Zeit der Umstellung und der Neugewöhnung begrenzt ist. Wenn dein Unterbewusstsein mit seinem inneren Schweinehund kommt, kannst du entspannt bleiben und denen sagen: ‚Hey, es ist doch nur für 30 Tage'. Damit trickst du dich ein bisschen selbst aus."[1]

Noch einmal – finde dein persönliches WARUM. Für wen und wieso möchtest du Sport treiben? Was steht dahinter?

Einfach jetzt loszulaufen, das kann mitunter schwer werden. Wenn es die letzten Jahre nicht funktioniert hat und du einfach nicht gern Sport treibst, wieso sollte es dann jetzt mit einer Challenge klappen? Nein, was auf jeden Fall benötigt wird, ist deine Motivation. Diese sollte vorzugsweise nicht im Außen liegen. Denn die Motivation, dass du durch Sport deine Körperform verändern möchtest, die hält nicht lange. Das liegt u. a. daran, dass wir im „Leiden" bzw. Aushalten von Negativem so gut sind.

Also, wo wärst du sofort dabei? Probiere dich aus. Teste Sportarten aus. Was macht dir Spaß? Womit kannst du gar nichts anfangen?

Vielleicht sitzt du auch jetzt gerade vor diesen Zeilen und denkst dir: „Ellen, ich hab auf gar nichts Bock. Ich habe einfach null Lust auf Sport." Dann ist es vielleicht gerade nicht an der Zeit. Meine Tochter würde jetzt sagen: „Genauso sieht es aus."
Wie bei kleinen Kindern ist doch alles im Leben eine Phase. Wenn es die Phase des Nicht-Wollens ist – okay. Kämpfe nicht dagegen

---

[1] Lars Amend, Why not. Inspirationen für ein Leben ohne Wenn und Aber, München ⁸2017, S. 199.

an. Wenn diese Phase schon dein ganzes Leben andauert – bitte kämpfe nicht dagegen an. Vielleicht hast du nur noch nicht die richtige Sport- oder Bewegungsart für dich gefunden.

Dann bist du vielleicht noch ein Pinguin an Land. Was es damit auf sich hat? Eckhard von Hirschhausen erzählt von einem Besuch in einem norwegischen Zoo. Während er einen Pinguin beobachtet, der auf einem Felsen steht, denkt er mitleidig, wie arm dran diese Tiere doch eigentlich sind. Sie können nicht fliegen, bewegen sich eher mitleiderregend und unförmig sind sie irgendwie auch noch. Doch dann sieht er, wie das Tier ins Wasser springt. Und auf einmal ist der Pinguin in seinem Element. Dann ist er ein König – er schwimmt grazil, schnell und wunderschön. Der Pinguin gehört in den Ozean – das Wasser ist sein Element.[2]

Vielleicht hast du deinen Ozean nur noch nicht gefunden. Das heißt aber nicht, dass es ihn nicht gibt. Such weiter und trau dich, auch Dingen oder Bewegungen, die nicht deine sind, eine Chance zu geben, statt einfach „Nein" zu sagen.

Es ist so vieles möglich, wenn du deinen Ozean und dein Warum findest. Wenn du dich nicht mehr strafst oder quälst, weil du unbedingt in die engere Hose passen möchtest, sondern wenn du dich bewegst und dich forderst, weil du es dir wert bist, weil du Bock dazu hast.

Du bist so viel sportlicher, als du es je geglaubt hast. Es ist egal, wie du dabei aussiehst. Es ist egal, wie weit du kommst oder wie schnell du gehst. Mit einem Schritt bist du schon weiter, als du es gestern warst. Und bekanntlich beginnt jeder Marathon mit dem ersten Schritt.

---

[2] Eckart von Hirschhausen, Die Pinguin-Geschichte, https://www.hirschhausen.com/glueck/die-pinguingeschichte.php (Stand: 20.2.2022)

Kapitel 3

Jedes Pfund geht durch den Mund?

Wer etwas will, findet Wege.
Wer etwas nicht will, findet Gründe.

– Dalai Lama

Es gibt auch heute noch Situationen, da fällt es mir durchaus schwer, nicht in den Opfer-Modus zu fallen. Da habe ich Mühe, mich selbst zu lieben und meinen Körper wertzuschätzen. Da fühle ich mich wie eine Versagerin. Besonders, wenn ich merke, dass ein bestimmtes Kleid oder eine Hose nicht mehr passt.

Wenn ich Fotos von mir sehe und denke: „Mensch, wer ist die denn?" Oder noch schlimmer, wenn andere meine Fotos sehen und sie bewerten.

„Ellen, du bist aber mächtig geworden."

„Alter, hast du ein Kreuz."

„Die Bluse spannt aber ..."

„Ich habe grad noch gedacht, dir täten ein paar Kilos weniger auch ganz gut."

Bemerkungen dieser Art tun weh. Heute glücklicherweise weniger als früher. Noch vor ein paar Jahren hatten diese Aussagen eine größere Macht auf mein Wohlbefinden. Ganz davon abgesehen, wie übergriffig, respektlos und anmaßend das ist.

„Stimmt, Leute, ich habe überhaupt noch nicht gemerkt, dass die Hose kneift – wie gut, dass ihr mich da noch mal drauf aufmerksam macht."

„Richtig, ich habe keinen Spiegel zu Hause und meine Körperwahrnehmung ist nicht ausgeprägt, deshalb ist es absolut wichtig, dass mich jemand auf meinen Körper aufmerksam machen muss."

Immer wieder bin ich schockiert, mit welcher Selbstverständlichkeit die Körper anderer (vor allem von Frauen) kommentiert und bewertet werden. Nach solchen abschätzigen Kommentaren fällt es mir immer noch schwer, wohlwollend und liebevoll mit mir umzugehen. Es nagt dieser ständige Gedanke, dass ich ja auch selbst schuld bin.

Ich hätte ja auch anstatt des Schnitzels den Salat essen oder mir die Süßigkeiten verkneifen können. Kuchen zu essen und sich dann zu wundern, dass die Hose nicht mehr passt? Wir wissen doch: „Jedes Pfund geht durch den Mund."

Diese dämliche Redewendung habe ich oft gehört, und zwar in allen möglichen Betonungen: schnippisch, resigniert, traurig, hämisch ...

Sprich das wirklich mal nach. Zieh beim Sprechen auch gern mal die Augenbraue nach oben.

Setze am Anfang auch einfach mal das Wort „Tja" ein.

Wie wirkt dieser Satz dann auf dich? Löst er etwas in dir aus?

Mich hat dieser Satz fertiggemacht. Es war eine generelle Schuldzuweisung. Und es gibt unzählige dieser Glaubenssätze und Redewendungen rund um das Körpergewicht, die wir aus unserem Umfeld übernehmen, ohne sie jemals zu hinterfragen.

Die Welt mit anderen Augen sehen

In einer meiner Weiterbildungen formulierte meine Dozentin den Satz um: „Jedes Pfund hat seinen Grund."

Erst konnte ich darin nicht viel Gutes entdecken, doch dann ging mir die Bedeutung des Satzes total unter die Haut. Die Tiefe dieser Aussage hat mich völlig umgerissen.

Dann habe ich vielleicht gar nichts falsch gemacht? Dann war und ist das alles überhaupt nicht meine Schuld?

Vielleicht gibt es für mein Gewicht einen übergeordneten Grund, den ich nur noch nicht sehe oder verstehe?

Ich hatte die ganzen Sprüche im Ohr und dachte, wie viel leichter alles wäre, wenn …

Hm – wie viel leichter alles wäre? Das ist die falsche Formulierung. Wie viel leichter es für mich wäre, wenn das Thema Gewicht nicht wäre. Wäre ich dann auch leichter?

Das war der Moment, in dem ich angefangen habe, mich mit der Bedeutung von Gewicht zu beschäftigen. Wenn wir diesen ganzen Kalorien- und Sport-Kram mal weglassen – welchen Grund kann denn Gewicht haben?

Lilly war eine meiner ersten Klientinnen. Sie hatte große Selbstzweifel, besonders aufgrund ihres starken Übergewichts. Sie fühlte sich total mies und ihre gesamte Körperhaltung strahlte das aus. Sie ging leicht gebeugt, den Blick nach unten gerichtet, die Schultern hängend. Dabei war sie sehr erfolgreich, glücklich verheiratet und hatte tolle Freunde – aber all das strahlte sie überhaupt nicht aus. Ihr Sprechen war kaum mehr als ein Flüstern, leise, ganz zart und vorsichtig.

Sie erzählte mir von ihrer beruflichen Situation: Sie arbeite in einer Führungsposition, da müsse sie klar und deutlich kommunizieren. Sie brauche unbedingt ein stärkeres Auftreten, aber mit diesem Körper sei das nicht möglich. Dieses schlechte Gefühl, weil sie (wörtlich) „so fett sei", könne sie nicht abstellen. Ob ich ihr nicht helfen könne, Kilos zu verlieren, dann würde der Rest schon von selbst kommen.

Ich fragt sie: „Kannst du mir fünf Sachen sagen, die du an deinem Körper magst? Stell dich doch einmal gedanklich nackt vor den Spiegel und dann sage mir, was du Schönes siehst."

Bei Lilly brachen alle ihre Dämme. Ich habe selten eine Frau so verzweifelt weinen gesehen. Sie war so traurig. Nichts an ihrem Körper empfand sie als schön und sie hatte nur Verachtung für sich übrig. Im Spiegel betrachtete sie nur ihr Gesicht, den Rest blendete sie völlig aus.

Mein erster Impuls, den ich ihr sagte, war: „Wie groß muss dein Körper denn erst noch werden, bis du ihn siehst?" Daraufhin sank Lilly noch mehr in sich zusammen.

Nachdem ihr erster Kummer mal raus war – auch das halte ich für extrem wichtig, dass wir unseren Gefühlen Raum geben –, sind wir gemeinsam zu einem Spiegel gegangen. Warum wir das gemeinsam getan haben? Weil Lilly so eine große Angst entwickelt hatte, sich anzuschauen, dass sie es einfach nicht allein konnte. Wir sind gemeinsam zum Spiegel und sie hat sich angeschaut. Und geweint. Schluchzend schaute sie auf ihr Spiegelbild. Welche Gedanken sie in diesem Moment hatte, kann es dir nicht sagen – ich habe sie nicht gefragt.

Ich war beeindruckt, wie mutig diese Frau sich ihren Gefühlen stellte.

Sie schaute sich immer wieder an und die Blicke wurden länger und intensiver.

Irgendwann sagte sie: „Ich habe ein wunderschönes Gesicht. Und meine Haare finde ich schön. Oh, meine Hände sind auch toll. Ich mag auch meine Füße. Und meine Oberweite mag ich auch."

Wie schön ist das denn bitte? Eine Frau, die sich bis dahin so verachtet hat, entdeckt sich neu und kann liebevoll zu sich sein. Und ja, jeder Mensch hat das Recht, liebevoll und gut zu sich zu sein, auch wenn er oder sie nicht das „Idealgewicht" hat.

Was Lilly über viele Jahre gelernt hatte, und ich glaube, sie ist damit nicht allein, war, sich schuldig und mies zu fühlen. Und gleichzeitig nach außen hin so zu tun, als würde ihr das nichts ausmachen, als wäre es egal. Umgangssprachlich nennt man das „sich ein dickes Fell wachsen lassen". Und genau das hatte sie getan.

Durch das Coaching hat Lilly innerhalb kürzester Zeit ihre Selbstliebe wiedergefunden. Sie hat angefangen, sich nicht nur sexy zu kleiden, sondern sich auch so zu fühlen. Sie hat ihre Stimme wiedergefunden und sich Gedanken über die Gründe für ihr Gewicht gemacht. Sie hat sich klargemacht, was sie für eine tolle Frau ist – und sie hat aufgehört, gegen ihr Gewicht anzukämpfen.

Das hatte große Folgen für ihren Alltag. Als Lilly sich nicht mehr klein gemacht bzw. sich wegen ihres Körpers schlecht gefühlt hat, kam sie wieder in ihre Kraft. Sie hat wieder gelernt, auf ihre Bedürfnisse zu achten, und dass ihre Ausstrahlung und ihre Sexieness, nichts mit ihrer Konfektionsgröße zu tun haben. Sie hat wieder einen Draht zu ihren Gefühlen bekommen. Sie hat verstanden, dass sie sich glücklich fühlen darf, unabhängig davon, wie sie aussieht. Sie hat sich wieder mehr und gern bewegt. Sie hat wieder klar und deutlich gesprochen.

Vielleicht fragst du dich jetzt, ob Lilly auch an Gewicht verloren hat. Ja, das hat sie. Allerdings langsam und stetig. Die „Gründe" für ihre Pfunde und das damit verbundene Denken haben über so viele Jahre so viel Macht bekommen, dass ihre „neuen" Wege einfach ihre Zeit brauchen.

Jede muss ihr Päckchen selbst tragen

Wenn wir liebevoll und gut mit uns selbst umgehen, dann hat das große Auswirkungen auf unser Leben. Wir gehen dann auch liebevoller und wohlwollender mit unserem Umfeld um.

Wir dürfen unsere Erfahrungen und auch unsere Verletzungen dazu nutzen, um aus destruktiven Mustern auszubrechen. So schmerzhaft viele Momente besonders in meinem Teenager- bzw. jungen Erwachsenenalter auch waren: Sie sind mir zum Beispiel in Bezug auf meine Töchter eine so große Hilfe.

Wie ich mit ihnen und ihrem Körper umgehe, dass ich ihnen vermittle, dass sie großartig sind, dass sie einen wundervollen Körper haben, dass sie schön sind, egal, welche Konfektionsgröße, egal, welche Körpergröße sie haben. Ich kann ihnen das vermitteln, weil ich das inzwischen auch für mich fühle.

Häufig beobachte ich, dass sich Frauen schlecht fühlen und dann andere in ihrem Umfeld niedermachen. Ich würde sie dann gern einfach schütteln und ihnen sagen: „Du bist so wundervoll. Ich wünschte, du könntest dich mit meinen Augen sehen. Du hast es gar nicht nötig, über andere und deren Körper zu sprechen oder zu urteilen. Sprich ruhig über dich, über dein Sein. Das ist für mich viel interessanter."

Wir haben alle unsere Erfahrungen und unsere Geschichte. Doch was nützt das, wenn wir daraus nichts lernen?

Nehmen wir mal an, dass unsere Geschichte und auch unsere Erfahrungen gar nicht so außergewöhnlich sind. Hast du nicht ähnliche Erfahrungen gemacht wie ich? Vielleicht nicht die gleichen, aber dennoch ähnlich?

Macht mich diese Geschichte zu jemand Besonderem? Wohl kaum. Doch das habe ich lange Zeit angenommen.

Ich habe mich selbst auf ein Podest gehoben; auf ein Podest des Selbstmitleids, dass mich keiner versteht, dass es keiner so schwer hat wie ich … jahrelang habe ich mir diese Geschichte, meine persönliche Gewichtsstory erzählt. Und noch schlimmer: Ich habe die Verantwortung völlig abgegeben. Ich habe vielen Menschen, die ich sehr lieb habe, die Schuld für meine Problematik gegeben habe, weil sie zu einem bestimmten Zeitpunkt etwas gesagt oder getan haben.

Doch objektiv betrachtet, ist das ja völliger Quatsch. Ich bin doch diejenige, die das geglaubt hat und dem die entsprechende Bedeutung gegeben hat. Vielleicht, weil ein Teil von mir genau davor Angst hatte oder das so geglaubt hat.

Um das noch etwas zu verdeutlichen, lass mich dir ein Beispiel geben:

Ein Satz, der mich früher oft begleitet hat, war: „Wenn du aufhörst, in die Höhe zu wachsen, dann wächst du in die Breite." Ich habe diesen Satz nicht hinterfragt und ihn als meine Wahrheit anerkannt. Ohne Wenn und Aber ... ich hatte große Angst davor, dennoch war er für mich wahr.

Und genauso ist es auch passiert. Nicht, weil mir irgendjemand diesen Satz gesagt hat, sondern weil ich ihm Bedeutung gegeben habe.

Genauso gut hätte mir jemand sagen können: „Ellen, wenn du aufhörst zu wachsen, schrumpfen deine Füße." Zugegeben, das Beispiel ist skurril, aber genau deshalb macht es sofort klar, was für ein Bullshit das ist. Als würden die Füße schrumpfen, wenn ich aufhöre zu wachsen! Und genauso ein Bullshit ist es zu sagen: Wenn du aufhörst, in die Höhe zu wachsen, wächst du in die Breite.

Trotzdem habe ich – und niemand anderes – diesen Satz zu meiner persönlichen Wahrheit werden lassen. Ich habe nie hinterfragt, ob das stimmt oder warum dieser Satz für denjenigen, der ihn gesagt hat, zur persönlichen Erfahrung geworden ist. Wahrscheinlich, und jetzt spekuliere ich, hat diese Person Ähnliches erlebt und gehört. Vielleicht hat sie das auch bei anderen genauso beobachtet. Das ist also ihr Päckchen. Das sind ihre Erfahrungen und ihre Erlebnisse, die ihre persönliche Wahrheit geformt haben.

Und warum ist das so wichtig? Warum erzähle ich dir das?

Wenn wir etwas verändern wollen, können wir nur bei uns selbst beginnen. Es nützt uns nichts, wenn wir jemand anderem die Verantwortung für unser Päckchen übertragen. Das macht es nur anstrengend und schwer.

Was ist das Gute an der Sache?

Welche Sätze, welche Gedanken hast du ungefragt übernommen? Wo redest du dich aus deiner Verantwortung raus? Welche Macht hat deine Figur über dein Wohlbefinden?

Dabei spielt es keine Rolle, wie viel oder wie wenig du wiegst. Ich dachte lange Zeit, dass nur Frauen mit zu viel Gewicht sich so runtermachen. Ich dachte ernsthaft, dass dünne Frauen meine Gedanken, Sorgen und Zweifel überhaupt nicht verstehen können. Ganz schön anmaßend von mir ... als ob Selbstzweifel an Kilogramm gebunden sind.

Deshalb ist es mir superwichtig, dir zu sagen:
Du bist wunderschön.
Einfach so.
Du brauchst nichts dafür zu tun.
Du brauchst weder ab- noch zuzunehmen.
Alles an dir ist zauberhaft.
Du bist wunderbar – nur durch dein Sein.

Eine liebe Freundin erzählte mir, dass sie so traurig gewesen sei, weil ihre Tochter sehr unter ihren Selbstzweifeln litt. Was sie tat, um ihrem Kind zu helfen, möchte ich gern mit dir teilen:
Sie nahm ihre Tochter mit vor den Spiegel und sagte zu ihr: „Schau genau hin. Das ist der Mensch, mit dem du den Rest deines Lebens verbringen wirst. Es gibt niemand anderen. Du wirst dein Leben lang in diese Augen, in dieses Gesicht blicken. Ich finde diesen Menschen einfach wunderbar und wunderschön. Wenn du diesen Menschen im Spiegel als deine allerbeste Freundin hättest, was würdest du ihr dann sagen?"

Diese kleine Übung war und ist so machtvoll. Weil sie uns unseren Schmerz nimmt. Diesen Schmerz, weil wir denken, wir wären nicht richtig oder nicht gut genug; weil wir denken, irgendetwas an uns wäre falsch.

Wir dürfen aufhören, an uns herumzumäkeln. Doch was wäre dann? Wie würde unser Leben aussehen, wenn es nichts mehr an uns zu meckern gäbe? Und das, obwohl uns unser Ego oftmals versucht zu sagen, dass wir nicht perfekt sind?

Dr. Joe Dispenza ist ein großartiger spiritueller Lehrer für mich. Etwas, was mir in Bezug auf meinen Körper und mein Gewicht sehr geholfen hat, war die Aussage:

„Wenn wir Emotionen überwinden, die uns an unsere Vergangenheit binden, und wir auf unsere Vergangenheit von einer höheren Ebene des Bewusstseins, des Gewahrsein, der Energie und aus einer höheren emotionalen Verfassung heraus zurückblicken können, können wir sehen, welchen Sinn die schmerzlichen oder schwierigen Vorfälle in unseren Leben hatten und welchen guten Zweck sie erfüllt haben."[3]

Fällt dir auf Anhieb ein, welchen guten Zweck deine Emotionen haben können? Fällt dir ein, welchen guten Zweck dein Gewicht, deine Figur gerade hat? Egal, ob du dich zu dick oder zu dünn fühlst. Was ist das Gute an deiner Situation?

Wenn ich diese Frage in meiner Praxis frage, bekomme ich häufig sehr verstörte Blicke. So, als würde sich mein Gegenüber gerade arg zusammenreißen müssen, mich nicht zu fragen, ob ich total bescheuert bin.

Wir tun uns oft schwer damit, das Gute zu sehen. Aber egal, wie ätzend oder verstörend eine Situation auch sein mag, es gibt immer einen Anteil, der für irgendwas gut ist. (Unfälle, Schicksalsschläge etc. nehme ich hier natürlich aus.)

Lilly habe ich diese Frage übrigens auch gestellt. Nach anfänglicher Irritation dachte sie intensiv darüber nach. Sie ging auf Entdeckungsreise. Sie hat ihre eigene Position gewechselt, sich selbst aus den Augen einer unbeteiligten Beobachterin gesehen.

---

[3] https://drjoedispenza.info/s/Drjoedispenza/blog_2020_7_2 (Stand: 20.2.2022)

Es war so spannend, welche Erkenntnisse sie daraus gezogen hat. Zum Beispiel war es ihr gar nicht bewusst, dass sie völlig unvorbereitet in diese Führungsposition geraten ist. Auf einmal war sie die Chefin, musste sich ganz schnell viel Wissen und viele Fähigkeiten aneignen. Aber was sie wirklich geprägt hat, war die Tatsache, dass sie auf einmal der seelische Mülleimer für alle anderen war. Ob Kunden, Mitarbeiter, andere Stellen und Firmen, mit denen sie zusammenarbeitete, es ging nun alles über ihren Schreibtisch und landete bei ihr.

Es ging ihr auch gar nicht darum, es allen recht machen zu wollen, sondern eher darum, dass sie diese verbalen Angriffe und Attacken aushalten und ihnen standhalten musste. Die unbeteiligte Beobachterin stellte fest, dass sie sich mit dieser „Fett-Schicht" schützen wollte, damit die Dinge nicht mehr so nah an sie herankommen konnten.

Das war sehr nützlich für Lilly, denn so erkannte sie, dass ihr Unbewusstes das Gefühl hatte, sie schützen zu müssen. In diesem Moment konnte Lilly sich klarmachen, dass sie nun absolut Herrin der Lage ist, dass sie keinen Schutz mehr brauchte. Sie konnte mit ihrer Führungsposition gut umgehen und sich besser abgrenzen. Jedes Mal, wenn sie sich in einer Situation befand, in der sie sich kurzzeitig unbehaglich fühlte, nahm sie das erst bewusst wahr. Das ist der erste Schritt zur Veränderung. Dann sagte sie sich selbst die Worte, die sie brauchte: „Ich bin vollkommen sicher; es geht mir gut und ich bin Herrin der Lage."

Sie erkannte, dass sie eine wunderschöne und tolle Frau ist. Sie sprach auf einmal viel selbstbewusster und lauter. Sie war in ihren Äußerungen klar und deutlich. Auf einmal war sie auf den Pressefotos zu sehen und versteckte sich nicht mehr in der letzten Reihe.

Sie hatte, bevor wir zusammenarbeiteten, immer den Satz im Ohr, sie müsste erst eine schlanke Frau sein, um sich zeigen zu können. Diese Glaubenssätze und innerlichen Verbindungen, die Lilly für ihre Wahrheit gehalten hat konnte sie loslassen.

Das Resultat war, dass sie sämtliche Diätprodukte in den Müllcontainer warf und sich keine neuen mehr kaufte. Was sie von nun an tat, war, sich gut um ihren Körper zu kümmern. Sie isst mit Genuss und bewegt sich mit Freude und nicht mehr, weil sie denkt, sie müsse es tun. Sie geht viel achtsamer mit sich um und versorgt ihren Körper mit den Nahrungsmitteln, die ihr guttun.

Und was noch viel schöner ist: Sie ist so glücklich wie nie zuvor in ihrem Leben.

Übung:

Werde du zur unbeteiligten Dritten ... beobachte einmal dich und deine Situation. Was fällt dir auf? Wenn du wirklich davon ausgehst, dass in allem etwas Gutes steckt – was ist es bei dir? Was hat deine Situation Gutes? Vielleicht kannst du auch herausfinden, welche Aufgaben dein Gewicht – egal, ob du „zu viel" oder „zu wenig" wiegst – für dich übernimmt.

Welche Vorteile ziehst du daraus? Vielleicht fällt dir erst mal überhaupt nichts ein und du fragst dich, ob ich sie noch alle auf dem Zaun habe. Doch die Vorteile müssen für uns nicht immer sofort erkennbar sein. Versuche, genau hinzuschauen und deinem unterbewussten Denken auf die Spur zu kommen.

Jedes Pfund hat seinen Grund

Mit Lillys Beispiel möchte ich dir zeigen, dass es für dein Körpergewicht weitaus mehr Gründe gibt als die Anzahl der Kalorien, die du aufnimmst und die du verbrauchst. Ich bin felsenfest davon überzeugt, dass wir keine über- oder untergewichtigen Menschen hätten, wenn es ausschließlich auf die Kalorienbilanz ankäme, auch wenn uns das immer wieder eingeredet wird. Doch mittlerweile dämmert es schon so manchen Menschen, dass es ganz so einfach eben nicht ist. Wir sind so viel mehr als das, was wir essen. Wir sind ein Gesamtpaket aus Körperfunktionen, Emotionen, Erfahrungen und Prägungen.

Lillys Erfahrungen haben dazu geführt, dass ihr Unbewusstes sie schützen wollte. (Es gab noch mehrere Situationen, auch in der Kindheit, die ich hier aber nicht alle aufführen möchte.) Diese Funktion übernimmt das Unbewusste bei uns allen. Deshalb dürfen wir uns endlich einmal eingestehen, dass eine Gewichtszunahme oder -abnahme kein persönliches Versagen ist. Warum ich das so explizit noch einmal betone?

Weil es in unserer Gesellschaft oft genauso hingestellt wird. Als wäre man zu deppert, um Kalorien zu zählen, oder zu undiszipliniert, um regelmäßig Sport zu treiben. Aber nein, du bist weder deppert noch undiszipliniert. Lass dir von einer Optimierungsgesellschaft nicht erzählen, wer du bist oder wie du zu sein hast.

Nimm dich als Gesamtheit wahr. Wenn du dich schuldig fühlst, weil du einfach nicht umsetzen kannst, was du dir vorgenommen hast, wird dein Unterbewusstsein nur darin bestärkt, dich noch mehr schützen zu müssen. Damit beißt sich die Katze in den Schwanz.

Deshalb ist es so wichtig, diesen äußeren Bullshit, der dir entgegenweht, unbeachtet liegen zu lassen. Und ja, mir ist bewusst, dass das eine echte Challenge ist. Ich bin seit so vielen Jahren mit diesem Thema unterwegs, und es gibt immer noch Tage, an denen dieses kollektive Denken mich mehr beeinflusst, als mir lieb ist.

Auch ich darf meine Vergangenheit und die Erfahrungen, die ich gemacht habe, loslassen und mich jeden Tag für meine Zukunft entscheiden.

Für mich ist es ein Weg, den ich in mehreren Schritten gehe.

Ein Schritt ist es, diese Tage anzuerkennen und mir selbst zu sagen, dass es okay ist, mir heute zu wünschen, dass das T-Shirt nicht so eng sitzt.

Mir selbst zu sagen, dass es einen Grund dafür gibt und dieser Grund nicht darin liegt, dass ich zu viel gegessen und mich zu wenig bewegt habe, lässt mich milder mit mir umgehen.

Ich respektiere und toleriere damit meine Geschichte, doch *bin* ich nicht mehr meine Geschichte. Aus meinem Tun heraus merke ich, wie ich die Wunden heilen lasse, wenn ich mich jeden Tag aufs Neue für mich entscheide.

Welche Entscheidung möchtest du für dich treffen?

Kapitel 4

Wenn Hunger nicht das Problem ist, dann ist Essen nicht die Lösung

Wer tut, was er immer getan hat, bekommt,
was er immer bekommen hat.

– Tony Robbins

Kennst du das auch, dass du ein Lebensmittel siehst oder riechst und du mit deinem Gedanken sofort in einem wunderschönen Moment bist?

In einem Werbespot für Karamellbonbons wird genau mit dieser Verknüpfung gearbeitet. Wir sehen, wie ein Opa mit dem Enkel in den Bonbonladen geht. Wie das Karamell gerührt wird, wir sehen die großen Bonbongläser, das Auswickeln des Goldpapiers und wie sich der kleine Knirps das Bonbon mit großen leuchtenden Augen in den Mund schiebt. Spätestens jetzt läuft uns das Wasser im Mund zusammen. Nicht, weil wir gerade total Lust auf ein Karamellbonbon haben, sondern weil wir an eine ähnlich schöne Situation aus unserer Kindheit denken. Es muss nicht der Großvater gewesen sein. Es kann auch eine Situation mit Freunden oder mit Nachbarn sein.

Meine Oma hatte in ihrem Kleiderschrank Kinderschokolade. Meine Schwester und ich bekamen jeden Tag einen Riegel, außer natürlich in der Fastenzeit. Ich erinnere mich gut an das Geräusch, wenn Oma die Schranktür öffnete. (Es quietschte so laut, dass wir uns definitiv nicht heimlich einen mopsen konnten.) Dann der Geruch im Schlafzimmer und auch im Schrank – das roch einfach nach Oma und Opa ... Ich würde nicht sagen, dass jeder Kinderriegel, den ich esse, mich an die beiden erinnert. Aber es passiert sehr, sehr häufig.

Und noch ein Beispiel: Dieses Jahr habe ich zum ersten Mal in meinem Garten Erbsen angepflanzt. Sie sind wunderbar gewachsen. Als Erntezeit war, fragte mein Vater, wie sie schmecken, und ich antwortete prompt: „Nach Opa."

Mein Opa hatte einen riesigen Gemüsegarten. Er hat wirklich alles angepflanzt – unter anderem auch Erbsen. Und im Sommer, wenn die Erbsen schon reif, aber noch nicht geerntet waren, haben wir welche stibitzt. Mit meinen Cousinen und Cousins saßen meine Schwester und ich in der schwarzen Erde und haben ungewaschene Erbsen gegessen. Köstlich, sag ich euch ...

Die Welt hinter dem Hunger

Wenn es uns schwer fällt, die Finger von einem bestimmten Lebensmittel zu lassen, dann liegt es möglicherweise daran, dass damit eine emotionale Verknüpfung besteht. Manchmal sind es auch Situationen, die uns im ersten Augenblick gar nicht bewusst sind.

Ich bin ja ein Kind der Achtzigerjahre. – Als ich noch klein war, lief im Fernsehen am Samstagsabend die Schwarzwaldklinik. Zu unserem Schwarzwaldklinik-Ritual gehörte es, dass mein Papa Popcorn gemacht hat. Meine Schwester und ich saßen dann mit meinen Eltern auf der Couch, aßen selbst gemachtes Popcorn und schauten die Schwarzwaldklinik.

Ich konnte bei Süßigkeiten recht gut aufhören zu essen. Na ja, manchmal war auch einfach die Tüte leer, aber im Großen und Ganzen ging das sehr gut. Bei dagegen Popcorn empfand ich kein Sättigungsgefühl. Ich habe mich jahrelang gewundert, warum ich, obwohl mir schon schlecht war, immer wieder in die Tüte griff.

In einer WingWave-Sitzung habe ich das angesprochen, und wir fanden heraus, dass ich ungefähr elf Eimer Popcorn essen müsste, um eine emotionale Sättigung zu spüren. (Nein, das ist kein Tippfehler. Ich meine wirklich elf Eimer.) In dieser Sitzung haben wir uns auf die Suche nach dem Warum gemacht und es kam recht schnell die Samstagabend-Schwarzwald-Klinik-Situation ans Licht, bei der wir Popcorn gegessen haben.

Es ging mir beim Popcorn-Essen also nicht ums Satt-Werden oder um die Vernunft, es ging um die diese Kindheitserlebnisse; um das schöne Gefühl dieses Rituals und die familiäre Zusammengehörigkeit. Heute weiß mein Unterbewusstsein, dass es dafür kein Popcorn braucht.

Natürlich gibt es auch unangenehme Verknüpfungen. Als junge Frau fragte ich bei einem Treffen mit Freunden einmal ich in die Runde, ob mir jemand den Mäusespeck geben könne, und bekam zur Antwort: „Meinst du nicht, du hast bereits genug Speck?" – Glaub mir, Mäusespeck kann ich nach diesem demütigenden Erlebnis wirklich nicht mehr gut kaufen.

Die emotional etwas harmlosere Variante einer negativen Verknüpfung kennt wahrscheinlich jede erwachsene Leserin: dieses eine Getränk, von dem man einmal zu viel getrunken hat (und sich vielleicht sogar übergeben musste), das man einfach nie wieder trinken kann. Bei mir war es Feigling. Da mache ich heute noch einen großen Bogen darum herum.

Warum ist es so wichtig, zu wissen, dass Essen auch emotionale Verknüpfungen hat?

Das hörst du vielleicht auch nicht zum ersten Mal, aber wir lernen ja durch Wiederholung: Wir kompensieren mit Essen auch viele Gefühle.

Obwohl das kein großes Geheimnis ist, wird diesem Phänomen recht wenig Beachtung geschenkt – außer natürlich in der Werbeindustrie.

Wonach sehnst du dich? Was hilft dir, wenn es dir nicht gut geht?

Als ich nach Hamburg zog, fehlte mir trotz der großartigen neuen Freiheit meine Familie sehr. Ich habe meine Eltern, meine Schwester, meine Onkel und Tanten – ja, den gesamten Clan vermisst. Markus war von Montag bis Freitag in München und ich saß allein in einer fremden Stadt. Großartige Arbeitskolleginnen haben mir vieles leichter gemacht, aber meine Familie ersetzen konnten sie nicht.

Wenn ich also Popcorn aß, brachte mir das ein Gefühl von Geborgenheit. Wie du hörst: Es brachte mir etwas. Denn Essen liefert nicht nur Nährstoffe, sondern es füttert auch unsere Seele. Essen ist ja immer da und schwups, mit einem Happs geht es uns gleich besser. Denn gerade wenn es uns nicht gut geht, fällt es uns oft schwer, wirklich hinzuschauen, woher dieses Gefühl kommt und was wir uns Gutes tun können.

So ging es auch Emma. Emma zog, ähnlich wie ich, als sehr junge Erwachsene zum Studium in eine weit entfernte Stadt, weil es im Umkreis ihres Heimatortes keinen Studienplatz gab. Also suchte sie sich eine Wohnung und als der Semesterbeginn näher rückte, halfen ihr ihre Eltern und Freunde beim Umzug.

Bis dahin war alles okay. Sie hatte ein „normales" Essverhalten und fand sich und ihren Körper auch total in Ordnung, also keine besonderen Auffälligkeiten. Jedenfalls beschrieb sie sich so.

Das änderte sich schlagartig, als sie in der neuen Wohnung war. In dem Moment, als ihre Eltern und Freunde weggefahren waren und sie allein war, überkam sie eine unfassbare Traurigkeit. Sie fühlte sich so einsam und allein, dass es ihr fast körperliche Schmerzen verursachte – kaum auszuhalten. Das Erste, was sie tat, war, sich abzulenken. Sie lief durch die Gegend und warf sich anschließend vor den Fernseher, doch das half nicht. Eine bisher nicht gekannte innere Unruhe überfiel sie.

Also ging sie an den Kühlschrank. Völlig wahllos stopfte sie alles in sich hinein: Joghurt, Wurst, Pudding, Käse. Dann ging es zum Vorratsschrank und es folgten Chips, Kekse, Äpfel – einfach alles, was da war.

Sie kompensierte ihre Einsamkeitsgefühle mit Essen. Das befriedigte sie für ein paar Momente, aber es hielt nicht lange an. Das Wohlgefühl wich recht schnell einer großen Scham und Übelkeit. Also rannte sie zur Toilette und erbrach sich. Emma meinte zu mir: „Das war die Geburtsstunde meiner Bulimie."

Dass Emma sich einsam gefühlt hat, ist meines Erachtens nachvollziehbar. Sie wuchs mit vier Geschwistern auf, es war immer viel los in ihrem Elternhaus. Doch bei vier Geschwistern kannte sie auch gut das Gefühl, nicht gesehen oder beachtet zu werden. Ihr inneres Kind fühlte sich oft vernachlässigt und weniger geliebt. Ich sage deshalb „ihr inneres Kind", weil es objektiv betrachtet nicht so war. Ihre Eltern haben alles getan – rational gesehen wusste Emma das. Aber es fühlte sich einfach so anders an.

Jetzt, wo sie alleine in der Wohnung saß, war dieses Gefühl, nicht geliebt zu werden, kaum auszuhalten. Sie ging also an den Kühlschrank. Denn in diesem Moment wusste sie keine andere Möglichkeit, als dieses Gefühl mit Essen zu befriedigen.

So ging das eine ganze Zeit. Emma aß und erbrach. Sie fühlte sich richtig schlecht und fasste in der neuen Stadt kaum Fuß, was ihre Einsamkeit nur noch vergrößerte.

Emma ging es mental und auch körperlich wirklich schlecht, deshalb suchte sie sich einen Arzt, dem sie sich erstmals anvertraute. Der wollte sie direkt zum Psychologen schicken, aber aufgrund der langen Wartezeiten war das sehr schwer möglich. Als sie sich einer Kommilitonin anvertraute, empfahl diese mich weiter.

Was haben wir getan? Emma wurde weiter von ihrem Arzt behandelt. Mit diesem im Hintergrund konnten wir uns um ihre Gefühle und Bewältigungsstrategien kümmern. In der Hypnose konnten wir Situationen aus ihrer Kindheit, in denen sie sich zurückgesetzt und nicht geliebt gefühlt hat, auflösen. Ihr wurde bewusst, dass ihre Eltern sie gleichermaßen lieben und sie nicht hinter ihren Geschwistern steht.

Emma lernte, wie sie ihre Einsamkeit und innere Leere anders befriedigen und wieder gut für sich sorgen konnte. Wir schauten, dass sie ihre Selbstzweifel und die eigene Selbstsabotage erkennen und ihnen entgegenwirken konnte.

Sie hat gelernt, ihre Gefühle wahrzunehmen und nicht mehr mit Essen zu kompensieren. Sie hat wieder gelernt, es auszuhalten, wenn sie sich schlecht fühlt – auch nach einer Mahlzeit. Sie hat durch harte Arbeit diesen Impuls, sich zu übergeben, um sich dann besser zu fühlen, zu kontrollieren gelernt. Doch dieser Prozess hat lange gedauert. Das ist nicht alles von heute auf morgen passiert, aber es ist ihr gelungen, wieder Freude am Essen zu finden.

Wenn du das hier lesen solltest und du dich wieder erkennst, weil du z. B. mit großem Appetit Essen verschlingst und dich anschließend übergibst oder weil du dir Essen verbietest oder Essen für dich etwas Gefährliches oder Schlimmes ist, möchte ich dich ermutigen, mit deinem Hausarzt darüber zu sprechen. Bitte suche dir Hilfe – tue es um deinetwillen. Essstörungen sind vielfältig und haben sehr große Auswirkungen auf dein ganzes Leben.

Du musst das nicht allein schaffen. Hilfe anzunehmen ist, keine Schwäche sondern eine Stärke. Und du bist sicher eine sehr starke Frau.

Was die Seele braucht

Auch wenn wir nicht bulimisch sind, füllen wir unsere emotionale Leere häufig mit Essen. Wie oft essen wir etwas, obwohl wir keinen körperlichen Hunger haben? Wie oft passiert es, dass wir uns nach etwas sehnen und uns durch ein Stück Kuchen oder einen Riegel Schokolade ein wenigstens ähnliches Gefühl verschaffen? Und anschließend fühlen wir uns schuldig und schämen uns.

Überleg mal, auf einmal ist die Schokolade nicht mehr nur die Schokolade, sondern unser Seelentröster. Verstehe mich bitte richtig: Die Schokolade darf das durchaus tun, doch „brauchen" wir die Schokolade wirklich? (Du kannst hier auch jedes andere Lebensmittel einsetzen.)

Nein, wir brauchen sie nicht. Sie tut uns einfach gut. Doch wie gut tut sie uns wirklich, wenn wir uns im Anschluss schlecht und mies fühlen?

Was also ist hier die Lösung?

In meiner Welt ist die Lösung, dass ich mich um mehr Bewusstsein bemühe, dass ich mein Verlangen nach Schokolade oder anderen Lebensmitteln hinterfrage, indem ich kurz innehalte und darüber nachdenke, warum ich das jetzt esse.

Das bedeutete für mich lange Jahre, dass ich es mir dann verkniffen habe, weil ich es ja nicht „brauche". Was dann aber im Umkehrschluss dazu geführt hat, dass irgendwann mein Verlangen so groß geworden ist, dass ich mich nicht mehr gefragt habe, sondern einfach gegessen habe – mit der Folge eines riesigen schlechten Gewissens.

Spaßeshalber habe ich immer gesagt, dass ich an Alzheimer-Bulimie leide: Ich esse, aber vergesse zu kotzen. (Das klingt lustiger, als es ist.) Denn genauso habe ich mich gefühlt und ich glaube, dass ich damit nicht allein bin.

Für mehr Bewusstsein zu sorgen, heißt jetzt nicht, dass ich mir die Schokolade oder was auch immer verkneife, auf keinen Fall. Es bedeutet nur für mich, dass ich mit mehr Genuss esse statt mit schlechtem Gewissen.

In unserer Kultur spielt der Genuss oft eine untergeordnete Rolle. Wir bekommen unser Essen abgepackt, klein geschnitten oder schon püriert. Es geht vor allem darum, Zeit zu sparen und möglichst effizient zu essen. Am besten schnell beim Laufen oder unterwegs. Und wenn wir daheim essen, können wir die Zeit noch nutzen, um Nachrichten anzuschauen, am Handy zu scrollen oder die Zeitung zu lesen. Doch ist Genuss an Zeit gebunden? Bedeutet ein leckeres und frisch zubereitetes Essen oder ein Snack, dass wir dafür stundenlang in der Küche stehen?

Meiner Ansicht nach hat Genuss nichts damit zu tun, wie viel Aufwand wir bei der Zubereitung betrieben haben, sondern mit welcher Aufmerksamkeit wir unsere Mahlzeiten essen.

Wenn wir unseren Lebensmitteln eine andere Bedeutung geben, dann bekommen sie auch eine andere Aufgabe. Beispielsweise ist dann die Schokolade nicht mehr dazu da, für mein Seelenheil zu sorgen, sondern um mich zu erfreuen und sie zu genießen. Das macht eine ganze Menge aus. Das macht für mich den Unterschied.

In dem Moment, in dem ich mir klarmache, dass es mir nicht gut geht und dass ich mich nach etwas sehne oder etwas brauche, kann ich bewusst hinschauen, was das gerade ist. Das ist für mich ein sehr guter Wegweiser, um aus meinem Automatismus herauszukommen.

Eine Bekannte, die sehr lange in der Suchtberatung gearbeitet hat, sagte einmal zu mir: „Ich trinke nie Alkohol, wenn es mir schlecht geht. Das war für viele Klienten in der Suchtberatung der Einstieg in die Abhängigkeit."

Ich meine, dies gilt nicht nur für Alkohol. Wir könnten diese Aussage erweitern, beispielsweise in: Ich esse keine Süßigkeiten oder

Fast Food, wenn es mir schlecht geht. Damit umgehen wir diesen Moment, in dem wir denken: „Ach, jetzt ist es eh egal, darauf kommt es nicht mehr an."

Wäre das nicht ein guter Anfang für hervorragende Selbstfürsorge?

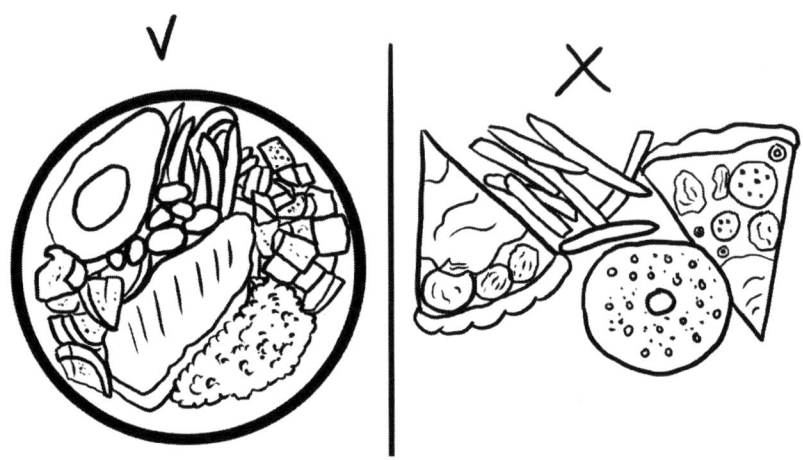

Meine Damen, so sehr ich meine Schokolade und Süßigkeiten auch mag, diesen Gedanken, dass es nicht mehr darauf ankommt, den konnte ich wirklich zur Seite legen.

Weil ich es mir wert bin.

Meine innere Leere muss nicht von Schokolade gefüllt werden, schließlich bin ich ja auch keine Praline.

Ich esse genussvoll. Und spannenderweise ist, seitdem ich das tue, das Gefühl des „BRAUCHENS" deutlich weniger geworden. Ich bin bei weitem kein Gesundheitsfreak geworden, aber ich behandle meinen Körper anders. Für mich gibt es zwei Arten von Hunger: Es ist einmal der körperliche Hunger und zum anderen ist es der seelische Hunger.

Der körperliche Hunger ist ein „fiese Möpp". Jedenfalls bei mir. Keiner, nicht mal ich selbst, möchte, dass ich hungrig bin. Denn dann bin ich überhaupt nicht in meiner Kraft. Dann kann ich viele Situationen kaum ertragen, bin gereizt und total schnell genervt.

In der Zeit zwischen Abi und Studium, als meine Tochter viel zu Hause war, tigerte sie meistens Punkt 12 durch die Küche. Es öffneten sich Schränke, Schubladen wurden aufgezogen. Wenn ich dann aus dem Arbeitszimmer fragte, ob sie Hunger habe, antwortete sie immer sofort mit: „Jaaaaa!" Und das, obwohl sie erst um 9.30 Uhr gefrühstückt hatte. Aber auf ihre innere Uhr und ihr Hungergefühl ist absolut Verlass.

Bei mir ist das manchmal nicht so. Dann bin ich total im Flow und weit weg von Essensgedanken, sodass mir erst recht spät auffällt, dass es Zeit ist zu essen. Und das ist für mich eine böse Falle. Jeder kennt das unzufriedene, hungrige und müde Kleinkind. Ich habe dann große Ähnlichkeiten damit.

Welche Gründe das haben kann, ist mir ehrlich gesagt wurscht. Wichtig ist für mich nur, dass ich es einordnen kann und mich gut um mich selbst kümmere, indem ich meinem Körper das gebe, was er braucht. Das kann zum Beispiel bedeuten, dass ich vielleicht den Nachtisch vorziehe – also quasi einen Vortisch einlege, damit ich die Zeit, bis das Essen fertig ist, unbeschadet überstehe.

Doch was ist, wenn unsere Seele hungert, wenn es in manchen Momenten gar kein wirklich körperlicher Hunger ist?

Wenn wir uns klarmachen, was unsere Seele braucht, und wir in dem Moment keine andere Lösung wissen als das Stück Schokolade, dann bitte, lasst sie uns genießen und nicht mit schlechtem Gewissen hinunterschlingen.

Achtet bei eurem Verlangen – egal, was ihr gerade denkt zu brauchen – darauf, wie es euch geht und was ihr euch erhofft, wenn ihr dieses Produkt verzehrt.

Wieder genießen lernen

Mein Essen zu genießen statt es hastig hinunterzuschlingen, oder auch, mich nach dem Essen nicht schlecht zu fühlen, war etwas, das ich kaum mehr kannte.

Für mich ist es ein großes Learning gewesen, Urlaub in Frankreich zu machen. Ich liebe die Essenskultur in diesem Land. Wie sich Menschen *stundenlang* mit Essen beschäftigen können. Sie lachen, erzählen, trinken und essen gemeinsam. So viel Genuss – so viel Spaß.

Mein Ego hat mir sofort erzählt, dass das ja auch alles nur Momentaufnahmen sind und das ja so gar nicht wahr ist.

Doch dann fuhr meine Tochter zweimal zum Schüleraustausch nach Frankreich und mein Mann musste beruflich nach Paris. Meine Tochter hatte abends keine Zeit, mit uns zu telefonieren, weil sie so lange mit der Familie zusammensaß und gegessen hat. Sie meinte, morgens gebe es maximal eine Kleinigkeit, aber das Mittag- und Abendessen sind so anders als bei uns. Ihre Wahrnehmung war, dass bei uns in der Familie ja schon viel Wert auf gemeinsame Essenszeiten gelegt wird, aber in ihrer Gastfamilie noch viel, viel mehr. Und sie hat es so genossen.

Mein Mann war teilweise völlig überfordert. Er und seine deutschen Kollegen waren als externe Mitarbeiter völlig problem- und lösungsorientiert. Effizienz war angesagt. Mittags fragten dann die französischen Kollegen, ob sie gemeinsam zum Lunch gehen wollten. In der Welt meines Mannes und seiner Kollegen sah das so aus, dass sie an einer Ecke etwas zu essen kaufen und dann wieder an den Schreibtisch gehen.

In der Welt der Franzosen war es folgendermaßen: Sie suchten sich ein schönes kleines Restaurant und haben gut, aber vor allem lange gegessen. Ihr Lunch dauerte zwei Stunden. Ihr könnt euch vielleicht vorstellen, wie mein Mann und sein Kollege das genießen konnten: So gut wie gar nicht, weil sie ständig daran dachten, was alles noch erledigt werden musste, und es überhaupt nicht in ihr Weltbild passte, so viel Zeit für Essen zu verschwenden.

Als ich ihn fragte, ob es ihnen denn gefallen habe, wurde mein Mann recht still. „Ja", meinte er, „eigentlich machen die es richtig."

Meiner damaligen Mentorin habe ich einmal geschrieben: „Ich lerne jetzt, wieder zu genießen." Dazu schickte ich ihr das Bild einer Tafel Lindt Salted Caramel Schokolade.

Ihre Antwort war: „Das ist sehr gut, denn allein, dass du es erst wieder lernen musst, ist wirklich traurig."

Doch so war es. Mein Körpergewicht und meine Unzufriedenheit damit waren so lebensbestimmend, dass ich kaum etwas ohne schlechtes Gewissen essen konnte.

Ich saß auch selten allein am Tisch. Das wurde mir erst bewusst, als mich eine Bekannte während einer Fortbildung darauf ansprach. Sie ist Ernährungscoach und während wir abends im Seminarhotel aßen, fragte sie mich, wer bei mir so mit am Tisch säße.

Ich war ehrlich gesagt etwas verwirrt, schaute mich um und meinte: „Ja, du."

Sie musste so lachen und meinte dann: „Ellen, überleg mal. Welche Gedanken, welche Meinungen kommen dir beim Essen immer wieder in den Sinn? Wer gibt hier grade ungefragt seinen Kommentar ab?"

Das waren zwar komische Fragen, aber sie machten mich sehr neugierig. Und ich beobachtete mich mal eine Zeitlang während des Essens.

Meine Liebe, ich kann dir sagen, bei mir war was los. Von wegen „ich esse nur für mich" und „meine Gedanken gehören mir" ...

Erstaunlich, wer so alles seinen Senf zu meinem Essen dazugegeben hat. Ich hatte so viele Menschen mit am Tisch sitzen! Mir war gar nicht bewusst, dass ich im Laufe meines Lebens so viele Meinungen und Ansichten zu dem Thema gehört hatte.

Aber wie sollte ich denn eine Mahlzeit genießen, wenn diese ganzen Meinungen, Tipps und Ratschläge in meinem Kopf waren? Das geht ja gar nicht.

Dankbar essen

Wenn du wie ich in einer religiösen Familie aufgewachsen bist, erinnerst du dich vielleicht an die Gebete vor dem Essen. Bei uns war es so, dass wir vor dem Essen gebetet und Gott gedankt haben. Keine Angst, es kommt jetzt kein religiöser Aufruf von mir. Die Zeiten ändern sich und auch mein Glauben hat sich sehr verändert. Ich rassle vor dem Essen nicht mehr wie damals ein Gebet herunter. (So war es nämlich. Während einer vorbetete, schauten wir anderen schon hungrig über den Tisch, nach welcher Schüssel wir zuerst greifen konnten. Aber darauf wollte ich gar nicht hinaus.)

Essen ist für uns mittlerweile selbstverständlich geworden. Vielen Menschen fällt es schwer, sich auf den Genuss zu konzentrieren. Aber Essen ist etwas Wunderbares. Ohne Essen könnten wir nicht existieren. Ich bin unseren Vorfahren so dankbar, dass sie beispielsweise das Feuer entdeckt haben und wir vieles nicht mehr roh essen müssen (außer Sushi), sondern unsere Speisen durchgegart genießen können oder flambiert, karamellisiert oder gegrillt ...

Wir haben unfassbar geile Möglichkeiten, richtig gutes Essen zu zaubern. Und das ganze Jahr steht uns eine Vielzahl von Lebensmitteln zur Verfügung. Trotz alledem gehen wir nicht sonderlich wertschätzend mit den Lebensmitteln und ihrer Vielfalt um.

Ich bin für absolut mehr Genuss in unserem Alltag. Ich finde, wir sollten unsere Nahrung und unsere Mahlzeiten richtig feiern; dankbar sein für das, was wir empfangen, und dass es Menschen gibt, die unsere Lebensmittel anbauen, ernten, verarbeiten. Ob jemand für sich entscheidet, vegan oder vegetarisch zu leben, oder ob jemand Flexitarier ist, das ist mir völlig egal. Jeder bitte so, wie er oder sie es möchte und wie es guttut. Doch bitte lasst uns rauskommen aus dieser Selbstverständlichkeit.

Wie gelingt uns also Genuss und Dankbarkeit? Richtig – mit einem kurzen Gebet vor dem Essen. (Mir fällt kein anderes Wort ein – ersetze das Wort Gebet gern mit etwas anderem, was dir besser gefällt.)

Vor jeder Mahlzeit – wirklich jedes Mal, bevor ich mir etwas zu essen in den Mund stecke, schließe ich kurz meine Augen und sage DANKE.

Ich bedanke mich bei Mutter Natur, dass sie es mir möglich macht, diese Nahrung zu essen. Ich bedanke mich bei den Fähigkeiten des Kochs oder der Köchin (auch wenn ich das selbst bin), weil diese Nahrung durch seine oder ihre Zubereitung so großartig schmeckt.

Ich bedanke mich für den Genuss.

Und – das ist meine ganz persönliche Affirmation – ich sage mir, dass alles, was ich esse, mich schlank macht und mich schlank bleiben lässt.

Kapitel 5

Was wir heute von uns denken, werden wir morgen sein

„Wessen wir am meisten im Leben bedürfen,
ist jemand, der uns dazu bringt, das zu tun,
wozu wir fähig sind.

– Ralph Waldo Emerson

Eine Zeit, in der alles anders, aber deshalb nicht leichter war, die hatte ich 2013. Beruflich am Ende und eine Ehe, die alles andere als glücklich war. Es war super viel los in meinem System und ich kann wirklich nicht davon sprechen, dass es mir gut gegangen ist. Doch sehen durfte das keiner. Ich weiß heute nicht mehr, ob ich absichtlich alles mit mir selbst ausgemacht habe oder weil ich es nicht anders kannte. Wie sehr Markus und ich gehadert haben, wie sehr mich Gesagtes und Vorgefallenes belastet hat – ich habe es nicht gezeigt und schon gar nicht erzählt.

Doch so ein Körper ist ja schon etwas Großartiges. Als es mir so schwer fiel, auf meine Seele zu hören, hat mich mein Körper unterstützt, indem er zu rebellieren begann: Mein Magen-Darm-System spielte verrückt. Zunächst hatte ich dafür immer eine gute Erklärung, wie z. B. dass ich zu viel Obst oder vielleicht etwas Verdorbenes gegessen hatte.

Doch nach einer Feier im September kam ich nicht mehr richtig auf die Beine. Ich fühlte mich, als hätte ich einen andauernden Magen-Darm-Infekt. Ich konnte kaum etwas essen, war ständig müde und fühlte mich einfach komisch.

Nach einer kurzen, aber recht erfolgreichen Diagnostik stellte sich heraus, dass ich mehrere Lebensmittelunverträglichkeiten habe. Das konfrontierte mich mit völlig neuen Herausforderungen. Meine Küche füllte sich mit Listen von Lebensmitteln, die ich meiden musste und solchen, die ich noch genießen konnte. Obwohl ich gut kochen kann, wurde die Essenszubereitung zu einer echten Challenge. Auch das Einkaufen wurde zu einer zeitaufwendigen Angelegenheit, da ich zuerst die Liste der Inhaltsstoffe studieren musste, bevor ich etwas in den Einkaufswagen legte.

Essen wurde also schon wieder sehr bedeutsam, wenn auch auf andere Art als bei meinen zahllosen Diäten. Denn die Konsequenzen, wenn ich mich nicht an den Plan hielt, waren nicht so witzig: Dauer-Durchfall, Übelkeit, Kreislaufprobleme und ständige Müdigkeit. Von meinem Gemütszustand ganz zu schweigen. Wenn ich etwas gegessen hatte, das ich nicht gut vertrug, wurde ich so übellaunig, dass ich es selbst kaum fassen konnte.

Ich fing also notgedrungen an, mich sehr gut um mich und meinen Körper zu kümmern. Ich merkte, dass mir Sport und Bewegung halfen, weil mein Magen-Darm-Trakt sich dabei besser entspannen konnte. Ich hielt mich penibel an meine Lebensmittelpläne.

Die Traurigkeit meines schlanken Ichs

All das und wahrscheinlich auch der andauernde Durchfall und die ständige Erschöpfung führten dazu, dass ich innerhalb kürzester Zeit 25 Kilogramm abnahm. Du könntest nun erwarten, dass ich mich wie Bolle gefreut habe, weil mir auf einmal wieder die Konfektionsgröße passte, die ich zuletzt mit 17 getragen hatte. „Ellen, hey, was ein Jackpot, so eine megaschlanke Figur, das ist doch super!" Doch das war nicht so. Das ekstatische Glücksgefühl, das ich mir erhofft hatte, blieb aus.

Warum? Weil ich überhaupt nicht in meiner Kraft war – und das ist noch die Untertreibung des Jahrhunderts. Es gab sehr wenig zu genießen – Familienessen waren regelmäßig eine Herausforderung und ins Restaurant zu gehen war oft eine mittlere Katastrophe.

Dazu kommt, dass mein Körperbild trotz meines Gewichtsverlustes nicht positiver geworden ist. Ich wünschte, ich könnte sagen, dass ich selbstbewusster oder glücklicher durchs Leben gegangen bin, doch das war nicht so. Ganz im Gegenteil. Man hat es mir auch deutlich angesehen, dass ich nicht in meiner Kraft war, und das hat mich sehr unsicher gemacht.

Du ahnst gar nicht, was ich mir in dieser Zeit für Sprüche anhören musste. Das Wort „Hungerhaken" fiel öfter; ich wurde (scherzhaft natürlich ...) gefragt, ob Markus mir mein Essen wegessen würde oder ob ich leiser gehen könnte, weil die Knochen so laut klappern ...

Das ist schon krass, oder? Egal, wie du es machst, richtig ist es nicht. Als ich mehr gewogen habe, wurde mein Körper bewertet und kommentiert – und als ich so schlank war genauso.

Wenn du also denkst, du würdest dich wohler fühlen oder du wärest eine tollere Person, wenn du weniger wiegen würdest, lass dir von mir sagen: Das ist absoluter Quatsch.

Was zur Hölle ist denn nur los mit uns? Warum können wir uns nicht einfach so annehmen, wie wir sind? Warum können wir uns nicht einfach so lieben, wie wir sind? Müssen wir dauernd einem Bild hinterherjagen, das sich aber auch ständig verändert, die Bedingungen ändert, sodass wir sowieso keine Chance haben, es jemals zu erreichen? Warum können wir uns nicht einfach mal in den Arm nehmen und uns selbst sagen: „Hey du WUNDER, alles an dir ist super und du bist großartig!"

Ich erinnere mich gut, dass ich damals oft vor dem Spiegel stand und das Spiegelbild, das ich sah, nichts mit dem zu tun hatte, wie ich mich fühlte. Ich fand immer noch, dass mein Bauch zu dick und mein Hüftspeck zu viel war. Diese negativen Gedanken über mich und meinen Körper sind mit den schmelzenden Kilos nicht einfach verschwunden.

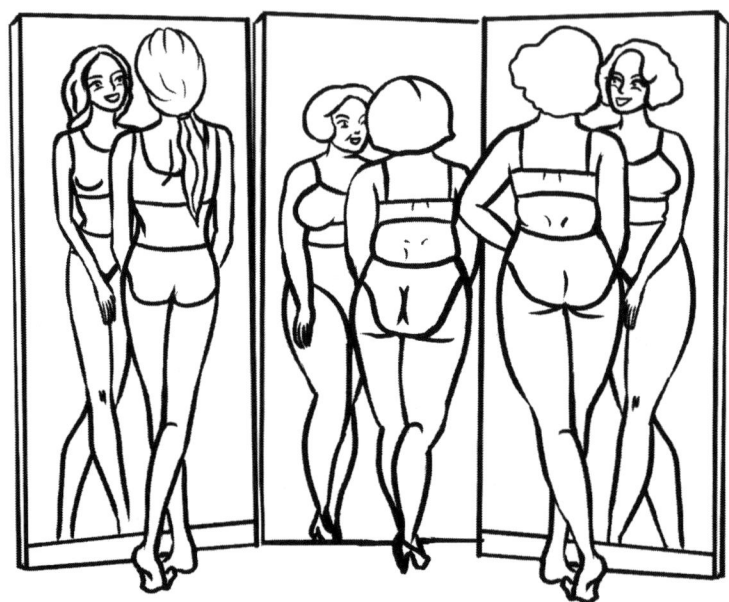

Diese starke Gewichtsabnahme, das war es doch, was ich wollte, oder? Na ja, irgendwie hatte ich mir das anders vorgestellt. Ich weiß auch nicht genau wie, aber anders.

Meine größte Angst war es übrigens, dass ich wieder zunehme. Und weißt du, was genau passiert ist? Richtig: Ich habe wieder zugenommen.

Die Macht des Unterbewusstseins

Bis 2016 war mir überhaupt nicht klar, was Glaubenssätze sind. Ich hatte davor noch nie davon gehört, geschweige denn gewusst, welche Glaubenssätze ich so habe.

Dass es einen Unterschied zwischen meiner Realität und der Realität anderer gab, war mir nicht bewusst. Ja, ich wusste, dass jeder die Welt sieht, wie er sie sehen will, aber dass wir an so unterschiedliche Wahrheiten glauben, das war mir nicht klar.

Glaubenssätze sind ein wohl gehüteter Schatz unseres Unterbewusstseins. Sie sind die Grundlangen unseres automatisierten Tuns und Seins.

Wenn beispielsweise der Glaubenssatz besteht: „Ich bekomme nicht genug" hat das Auswirkungen auf unser Verhalten. Auch der Glaubenssatz „Ich brauche das Kotelett ja nur angucken und sofort habe ich es auf der Hüfte", hinterlässt Spuren in unserem Verhalten. Dieses Verhalten aus dem Unterbewusstsein hat so große Auswirkungen. Unsere inneren Überzeugungen (Glaubenssätze) bestimmen unsere Gedanken, die Gedanken bestimmen wieder die Gefühle und die Gefühle beeinflussen unsere Handlungen. Diäten und Ernährungsveränderungen setzen immer an unseren Handlungen an. Doch das ist so absurd, weil nur zwei bis vier Prozent unseres Verhaltens bewusste Entscheidungen sind.

Nachdem ich diesen Zusammenhängen begegnet bin, wollte ich unbedingt mehr über die Macht des Unterbewusstseins erfahren und vor allem, wie ich mein Unterbewusstsein neu oder anders programmieren kann. Ich wollte gerne meine „alten" Gedanken loslassen und aus meinem Unterbewusstsein verbannen. Eine wunderbare Möglichkeit dafür ist tatsächlich die Hypnose. Ich wollte aber noch mehr. Ich wollte Hypnose nicht nur persönlich für mich anwenden, sondern auch beruflich für meine Klienten nutzen. Aus diesem Grund absolvierte ich eine Grund- und Master-Hypnose Coaching Ausbildung.

Mit im Kurs war auch Birgit, die seit 25 Jahren als Coach und Wingwave-Coach unterwegs war. Wir waren einander sofort sympathisch. Birgit, so möchte ich, dass du weißt, ist eine gertenschlanke Frau mit einer tollen Ausstrahlung und viel Humor.

Wie das so sein soll, hatten wir gleich in unserem ersten Block mit dem Thema ‚Hypnose bei Übergewicht' zu tun. Zu dem Zeitpunkt konnte bei mir von Übergewicht keine Rede sein. Noch stand alles unter dem Vorzeichen der Enthaltsamkeit und den Unverträglichkeiten, doch ich spürte bereits eine tiefe Angst, dass ich wieder an Gewicht zunehmen würde.

Birgit äußerte sich zu dem Thema Essen bereits vor der ersten Pause. Sie liebt Süßigkeiten und isst, was sie will, und hat immer ihr Wunschgewicht. „Aha", dachte ich, „sicher."

Wir gingen zusammen essen und ich sprach sie direkt auf ihre Äußerungen an: „Sag mal, so wie du aussiehst, machst du schon regelmäßig Fitness und achtest auf deine Ernährung. Sonst geht das ja gar nicht."

Sie fing an zu lachen, schaute mich an und meinte: „Ellen das ist ja mal ein schöner Glaubenssatz."

Ich guckte ziemlich verdutzt. Glaubenssatz? Stimmt, da war ja was. Doch in meiner naiven Vorstellung bezogen sich Glaubenssätze nur auf Bereiche wie Selbstbewusstsein oder Selbstwert. Die Bedeutung von Glaubenssätzen für Körper, Gesundheit, Essen und Figur war mir bis dahin nicht bewusst.

Birgit hatte jede Menge Glaubenssätze über das Thema Essen, sie haben sich nur deutlich von meinen Unterschieden.

Sie fragte mich: „Ellen, woher kommt das denn, dass du so über Essen und Figur denkst?"

Ich kam ins Nachdenken: Ja, spannende Frage. Keine Ahnung – irgendwie war das immer so. Na ja, aber es spielt ja auch gerade für mich keine Rolle, da ich ja eh so viele Unverträglichkeiten habe und sowieso nichts richtig essen kann.

„Aha, ist das so? Was kannst du denn alles nicht essen und warum nicht?", fragte Birgit.

Ich erzählte ihr meine Geschichte: dass ich an einer Sorbitol-, Fructose- und Histaminintoleranz leide, mein Magen-Darm-System sehr gereizt sei und ich extrem aufpassen müsse, was ich esse, damit ich nicht sofort Durchfall bekomme.

„Also, wenn du beispielsweise einen Apfel isst, weißt du, dass du davon Durchfall bekommst? Der arme Apfel. Der hat ja ein schweres Los."

Du kannst dir vielleicht vorstellen, wie verdattert ich geguckt habe.

Dann sprach Birgit von Aufträgen, die wir unbewusst an das Essen abgeben. Alles, was wir tun, alles, was wir denken, habe eine Wirkung. Unser Mindset habe einen enormen Einfluss auf die Reaktionen unseres Körpers.

Birgits Denken war für mich wie der Eintritt in eine neue Welt. Ich konnte mir zwar nicht wirklich viel unter all dem vorstellen, wollte aber unbedingt mehr darüber wissen. Also trainierte ich jetzt meine Gedanken zu meinem Essen. Bleiben wir beim Apfel. Den konnte ich früher gar nicht essen. Jetzt nahm ich den Apfel in die Hand und redete mit ihm. Das hört sich wahrscheinlich genauso bescheuert an, wie es ausgesehen hat. Ich gab dem Apfel einen neuen Auftrag: dass er mir gut schmeckt, gut für mein Immunsystem sorgt und dass ich ihn wunderbar vertrage. Du glaubst gar nicht, wie mich meine Familie angeschaut hat.

Aber eines Abends gab es Lasagne vom Vortag. Undenkbar, dass ich so was hätte essen können. Histamin lässt grüßen. Doch ich aß die Lasagne. Und sämtliche Histaminreaktionen blieben aus. Das war so unbeschreiblich. Oder war es einfach Zufall? 100 Prozent überzeugt war ich noch nicht.

Auch meine Töchter, die ebenfalls eine Sorbitolunverträglichkeit hatten, waren skeptisch. Die Große, die bereits mehrere Jahre diese Unverträglichkeiten hatte, hielt mir einen Vortrag, dass Unverträglichkeit schließlich getestet worden sei und es offizielle Diagnosen gäbe, die ich nicht einfach wegdenken könne. Was ich ihr erzählte, war in ihren Augen völliger Kokolores. Die Kleinste hat es einfach mal ausprobiert. Sie hat ihre geliebten Äpfel so vermisst. Also hat sie sich an dem Abend noch einen Apfel geschnappt, ist mit ihm durch die Gegend gelaufen und hat mit ihm geredet, während sie ihn aß.

Und ja, sie hat ihn gut vertragen.

Mittlerweile muss sich keiner von uns mehr wegen einer Unverträglichkeit einschränken. Ich durfte lernen: Ob ich etwas vertrage oder nicht, das ist meine Entscheidung. Es mag wissenschaftliche Erklärungen dafür geben, doch sind die relevant? Für mich nicht wirklich. Diese Entscheidung kann aber nur jeder für sich selbst treffen.

Mir haben diese Unverträglichkeiten viel gegeben. Sie waren Signale meines Körpers, mehr auf mich zu achten, besser mit mir umzugehen, mich mehr um meine Ernährung und Darm-Gesundheit zu kümmern. Ich bin mir heute sicher, dass sie aufgetreten sind, weil ich einfach nicht auf meine Seele gehört habe. Die hatte nämlich auch schon ganz viele Unverträglichkeiten. Sie hat reagiert auf Streit, schlechte Stimmung, Menschen, die nicht mehr zu mir passten, ständige Kritik und auch ein gewisses Maß an Überforderung. Doch das wollte ich einfach nicht wahrnehmen.

In der Hypnose-Ausbildung ging es auch darum, dass wir unser unbewusstes Denken ändern, um dann bewusst andere Dinge zu tun bzw. auch anders über uns denken. Ich sehe die Hypnose nicht (mehr) als einzige Möglichkeit, um Gewicht zu verlieren. Es ist für mich viel komplexer. Aber sie ist ein wunderbares Mittel, um unser Unterbewusstsein neu zu programmieren, um die Dinge tun zu können, die uns zu unserem Ziel bringen.

Gerade habe ich mit einer tollen Frau gesprochen, die richtig Bock auf Sport hat und ganz regelmäßig laufen geht. Ich antwortete ihr auf ihre Instagram-Story, dass ich das absolut mega finde. Und sie so: „Weißt du noch? Du hast in der Hypnose immer gesagt, dass ich eine Sportlerin bin. Lange konnte ich es gar nicht glauben und jetzt ist es tatsächlich Realität."

Ja, so funktioniert das.

Realtalk – Was Frauen über ihren Körper denken

Die Firma Dove hat im Jahr 2010 über 6.000 Frauen zwischen 18 und 64 zum ihrem Körperbild, Selbstbewusstsein und Selbstvertrauen befragt und ist zu folgenden Ergebnissen gekommen:

- Nur 4 % aller Frauen finden sich schön (im Jahr 2004 waren es sogar nur 2 %).
- Lediglich 11 % aller Mädchen beschreiben sich als „schön" und fühlen sich gut dabei.
- 72 % der Mädchen empfinden einen großen Druck, schön zu sein.
- 80 % der Frauen denken, dass jede Frau auf ihre Art schön ist, ohne diese auch für sich selbst in Anspruch zu nehmen.
- Mehr als die Hälfte aller Frauen bejahen, dass sie selbst ihre größte Kritikerin in Sachen Schönheit sind.[4]

Ich habe unter den Frauen in meiner Praxis und in meiner Facebook-Gruppe eine eigene Umfrage zum Thema Körper und Schönheit gestartet. Hier sind die Fragen und Antworten.

Welche Tragweite haben deine Gedanken in Bezug auf dein Essen bzw. dein Essverhalten?

- Dadurch, dass du dich sowieso schon schlecht und mies fühlst, ist dein Essverhalten ungezügelt.
- Frustessen entsteht.
- Immer wieder das Gefühl, Süßes zu brauchen, weil es nicht mehr drauf ankommt.
- Ein ständiger Kreislauf aus Diätwahn, Kompensation, Fressanfällen, Selbsthass, ständige Gedanken über Gewicht und Essen.
- Geringer Selbstwert, weil dieser von der Figur und dem Essverhalten abhängig ist.

---

[4] Vgl. https://www.dove.com/de/stories/about-dove/our-research.html (Stand: 23.2.2022).

Was denkst du denn über dich?

- Was hilft das nette Gesicht, wenn der Körper furchtbar aussieht?
- Ich bin abstoßend, habe gar keine Disziplin.
- Ich muss endlich abnehmen – ich sehe furchtbar aus.
- Ich bin zu fett.
- Ich fühle mich nicht wohl.
- Mein Körper ist ganz schlaff.
- Ich habe keine schöne Figur.
- Ich will so nicht sein.

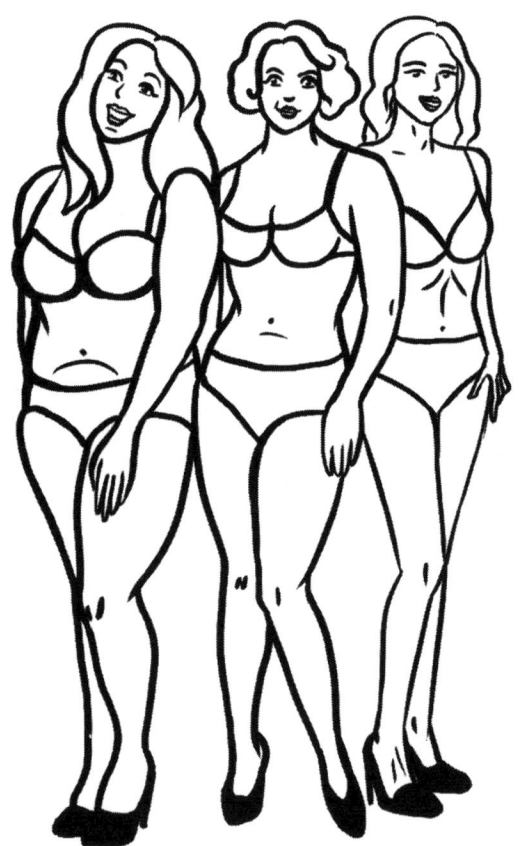

Meine Damen – wer kennt diese Gedanken? Ich würde mal wetten, recht viele, mich eingeschlossen (jedenfalls damals). Es gibt wirklich reichlich zu tun. Und damit meine ich nicht, dass wir ein anderes Make-up oder „Bauch-weg-Unterwäsche" brauchen (auf die komme ich später noch zurück). Damit meine ich, dass es unglaublich traurig ist, mit welch schlechtem Selbstwertgefühl wir Frauen unterwegs sind. Wir dürfen daran etwas ändern. JETZT. Wir dürfen uns nicht erst dann lieben, wenn wir vermeintlich perfekt sind. Das sind wir nämlich schon lange.

Am klarsten kann ich das bei den Menschen sehen, die ich zutiefst liebe. Nehmen wir einmal meine Töchter. Sie kamen gesund und perfekt auf die Welt. Immer wieder ist das Leben, was wir schenken können, für mich ein Wunder. Ich weiß noch, wie die kleinen Mäuse gerochen haben, welche Geräusche sie gemacht haben, wie winzig ihre kleinen Finger waren. Ich wäre niemals auf den Gedanken gekommen, etwas an ihnen verändern zu wollen.

Alles ist gut. Dieses Gefühl hat sich nicht geändert. Sie sind immer noch perfekt und werden es auch immer bleiben. Sie sehen mich übrigens auch so. Sie kämen nie auf den Gedanken, ihre Mama müsste, um ihre Mama zu sein, eher dünner oder kleiner, fitter oder drahtiger sein. (Für den Papa gilt natürlich dasselbe.) Für meine Eltern gilt das genauso: Um sie zu lieben, müssen sie doch nicht erst anders sein. Es spielt keine Rolle, welche Körperform sie haben. Nur uns selbst gegenüber setzen wir eine Brille der Unzulänglichkeiten auf.

Es macht mich so betroffen und traurig, wenn Frauen, egal, welchen Alters, die Worte: „Ich bin wunderschön" nicht über die Lippen kriegen.

Warum wir so denken, ist für mich ehrlich gesagt gerade zweitrangig. Viel wichtiger ist doch: Wie gehen wir damit um?

Die Sache mit der Selbstsabotage

Birgit, die mir eröffnet hat, dass unsere Gedanken die Macht haben, unsere Lebensmittel so zu programmieren, dass sie uns guttun, statt unserem Körper zu schaden, ist auch absolut davon überzeugt, dass wir mithilfe unserer Gedanken unser Gewicht bestimmen können.

Ich bin völlig auf ihr Mindset abgefahren und tue es immer noch. Ich bewundere sie zutiefst für ihre Klarheit und ihre Gedanken zu ihrem Körper. Sie ist in meinen Augen ein großartiges Vorbild.

Sie hat mich immer wieder ermutigt: „Das, was ich kann, das kannst du auch. Es ist dein Körper, du bestimmst dein Gewicht. Du bestimmst, was du kannst, was du nicht kannst."

Das hörte sich an wie „zu schön, um wahr zu sein". Und nein, es hat bei mir so noch nicht funktioniert.

Wie oft ich daran verzweifelt bin. Einerseits wünsche ich mir die Leichtigkeit von Birgits Gedanken, aber es fällt mir schwer, sie umzusetzen.

Bis heute bin ich von der Richtigkeit dieser Gedanken überzeugt.

Doch warum habe ich dann nicht mein Wunschgewicht?

Ich verlasse jetzt mal das Reich der Tatsachen und begebe mich in das Reich der Spekulation. Da wir in Bildern denken, möchte ich dir jetzt gern ein Bild geben:

Stellt dir mal vor, du hättest von frühen Kindesbeinen an gelernt, dass Zitronen nicht gelb sind, sondern pink.

Kinder fangen im frühen Kleinkindalter an, die Welt zu entdecken. Sie bekommen von uns Erwachsenen Hilfe, indem wir ihnen unsere Welt erklären. Doch, was wäre, wenn dir wirklich beigebracht wird, dass die Zitrone pink ist? Was meinst du, ist das möglich?

Klingt sehr unwahrscheinlich?

Hm, ich bin mir da nicht so sicher. Wir sind mit Eltern von Zwillingen befreundet. Als wir die zwei als Übernachtungsgäste hier hatten, saßen wir morgens beim Frühstück und aßen Nutella. Aus einem Affekt heraus bissen alle Lutums in ihr Nutella Brötchen und schwärmten: „Wunderbar!" Wirklich laut und genießerisch ...

Ich kann dir gar nicht mehr genau sagen, wie es dann dazu kam, vielleicht, weil es so wunderbar schmeckt und die zwei bis dahin kein Nutella kannten. (Bevor du jetzt was Falsches denkst: Es war mit den Eltern abgesprochen.) Doch unsere Gäste verbanden nicht mehr den Namen „Nutella" mit dem braunen Brotaufstrich, sondern „Wunderbar".

Das war so süß, weil die zwei wirklich dieses Wunderbar so genossen haben. Wenn sie durch einen Supermarkt gingen, riefen sie entzückt aus: „Schau mal, da ist ein Glas Wunderbar!" Wir haben ihnen mal einen wunderbaren Adventskalender gebastelt, jeden Tag ein kleines Päckchen.

Erst im Grundschulalter haben sie morgens ein Nutella-Brötchen bestellt und nicht ein Brötchen mit Wunderbar. Und das alles, weil wir ihnen diese Assoziation gegeben haben und ihre Eltern das auch witzig fanden und übernommen haben. Nutella hieß einfach Wunderbar.

Um zu unserem Thema zurückzukommen: Warum also fällt es uns so schwer, ein neues Denken anzunehmen?

Überprüft eigentlich irgendjemand zu irgendeinem Zeitpunkt die Wahrheit dessen, was wir so hören? Ich meine, warum ist es für eine Frau wie Birgit völlig selbstverständlich, dass sie ihr absolutes Wunschgewicht hat, dass sie essen kann, was sie möchte und ihr Körper für sie arbeitet?

Und für beispielsweise Irene ist es völlig selbstverständlich, dass Essen dick macht – besonders abends die Mahlzeiten haben es in sich –, dass sie nur mit viel Sport und Verzicht so aussehen kann, wie sie möchte. Für sie ist es schwer und anstrengend, ihre Figur zu halten.

Ist es, weil wir glauben? Weil wir diese Wahrheit übernommen haben und sie für uns real ist? Wir dürfen nicht vergessen, unser Unterbewusstsein ist unser treuer Diener und Gedanken-Erfüller.

Wenn wir bestimmte Gedanken denken, werden wir im Außen immer wieder einen Beweis für die Richtigkeit dieser Gedanken finden.

Wenn wir also denken „Essen macht dick, ich nehme schon beim bloßen Hingucken zu, einen Moment im Mund und ein Leben lang auf der Hüfte", dann werden wir im Außen immer wieder Beweise finden, die die Richtigkeit dieser Gedanken untermauern.

Seit ich Birgit kennengelernt habe, habe ich immer wieder Frauen getroffen, die ein ähnliches Mindset haben wie sie. Dennoch fällt es mir offensichtlich schwer, diese Gedanken für mich so anzunehmen bzw. zu übernehmen. Mein Unterbewusstsein, und vielleicht auch deins, ist so krass auf diese Essens- und Gewichtsschiene programmiert, dass ich, so vermute ich, immer wieder Beweise finde, warum es nicht so einfach sein kann. Denn für mein Unterbewusstsein ist es erst mal einfacher, im gewohnten „alten Denken" zu bleiben. Daraus entsteht dann eben oft dieses: „Das ist doch absurd und viel zu schön, um wahr zu sein."

Wir denken zudem in kollektiver Schwere und Anstrengung. Ohne Fleiß, kein Preis. Von nix kommt nix. Und so weiter.

Ja, ich vermute, dass auch unser kollektives Mindset mich immer wieder sabotiert. Ob die Erfahrungen einfach zu gravierend waren? Keine Ahnung. Aber ich höre nicht auf. Ich weiß, mit ganz vielen Fasern meines Körpers, dass es auf die Bedeutung ankommt, die wir dem Essen geben, dass es die Bedeutung ist, die ich meinem Gewicht beimesse.

In Phasen völliger Verzweiflung, wenn wieder die Hose zu eng geworden ist oder ich mir Fotos angeschaut habe, habe ich Birgit per WhatsApp Hilferufe geschickt. „Liebe Birgit, ich habe gerade Fotos von mir gesehen und bin völlig schockiert. Warum sehe ich aus, als platze ich aus allen Nähten?"

Sie antwortete immer so geduldig. Sie hat auch nicht einfach nur gesagt, was ich tun soll, sie hat konkrete Anleitungen geschickt. Zum Beispiel erklärte sie mir, dass unser Unterbewusstsein auf Drama steht. Das kann bedeuten, dass, wenn alles im Leben richtig megagut läuft, sich unser Unterbewusstsein einen Bereich „raussucht" wo es nicht gut ist.

Mit diesem Wissen, dass mein Gewicht das Drama-Queen-Spiel meines Unterbewusstseins ist, kann ich anders damit umgehen. Unter anderem, ermutigt es mich, dranzubleiben. Ich habe 36 Jahre lang gedacht, dass mich essen dick macht, dass Süßigkeiten verboten sind und auch, dass ich nicht genug bekomme. Wenn ich jetzt auf einmal anders denke, darf ich geduldig sein. Denn neu denken ist nicht unbedingt so einfach.

Birgit hat mich auch immer wieder bekräftigt, dass alles an mir richtig ist und dass es in meinem Unterbewusstsein einen Grund gibt, warum ich dieses Gewicht gibt. Diesen Grund darf ich verstehen und lösen.

Den Kreislauf durchbrechen

Ändere deine Gedanken und es ändert sich deine Realität. Ja, das ist meine Überzeugung. Und auch wenn ich da immer noch auf steinigem Weg unterwegs bin, bin ich von der Richtigkeit überzeugt. Vielleicht darf ich mir und meinem Körper mehr Zeit lassen. (Wobei Zeit ja auch immer relativ ist.) Ich habe 36 Jahre in eine Richtung gedacht. Diese Gedanken haben tiefe Spuren in mir hinterlassen und wurden durch die Erfahrungen, die ich gemacht habe, bestätigt. Das macht etwas mit einem – mit mir scheint es was gemacht zu haben.

Ich gebe mich und meine Mindset nicht auf. Auch, wenn ich schon so oft am Boden zerstört war, weil es vermeintlich nicht funktioniert, mache ich weiter. Zu laufen habe ich auch nicht an einem Tag gelernt – tatsächlich sogar viel später als andere

Kinder, weil ich durch eine Hüftproblematik lange „festsaß". Und wenn ich hingefallen bin, bin ich wieder aufgestanden, angespornt durch meine Eltern und Großeltern. Genauso mache ich das jetzt auch. Mich anspornen, mich motivieren, dranbleiben. Meine Gedanken trainieren. Das geht nämlich. Unsere Gedanken sind wie Muskeln, die wir trainieren können. Leider trainieren zu viele Menschen ihre Muskeln statt ihre Gedanken, aber das ist ein anderes Thema.

Wie gehe ich heute damit um? Es ist mir total wichtig, meinen Töchtern die Glaubenssätze, die ich verinnerlicht habe, nicht weiterzugeben; ihnen vielmehr diese Leichtigkeit, den Genuss und auch den Spaß beim Essen sowie die Fähigkeit, auf den natürlichen Hunger zu hören, zu vermitteln. Meine Kinder hören von mir absolut keine blöden Kommentare zu ihrer Figur oder ihrem Essverhalten. Das habe ich mir geschworen. Sollten einmal doch die Pferde mit mir durchgehen, dann entschuldige ich mich sofort. Ihr Erscheinungsbild ist perfekt. Punkt.

Übung:

Wie kommentierst du das Essverhalten deiner Mitmenschen? Tust du es überhaupt? Gibst du gern ungefragt deinen Senf dazu? Welche Gedanken hast du, wenn dein Kind sich noch ein zweites Stück Torte auftut? Und äußerst du sie?
Was möchtest du bei deinem Gegenüber erreichen?
Überprüfe deine Gedanken und Sätze daraufhin, welche Wertungen darin stecken.

Wenn du erreichen möchtest, dass dein Kind sich gesund ernährt und gut auf sich achtet, mache es bitte vor. Erziehung funktioniert tatsächlich am wenigsten durch Erklärung, sondern durch aktives Vorleben. Worte können so viel kaputt machen, z.B. das gesunde, intuitiven Essverhalten, mit dem wir auf die Welt kommen.

In der Regel haben Babys und kleine Kinder ein wunderbar natürliches Verhältnis zu ihrem Hunger. Sie essen, bis sie satt sind. Das geht so lange, bis sie erzogen werden. Ich glaube, jeder von uns kennt es:

„Iss deinen Teller leer."

„Du stehst erst auf, wenn du deine Portion aufgegessen hast."

Kleine Kinder werden sehr schnell daran gewöhnt, dass sie das essen müssen, was die Erwachsenen für richtig halten, und nicht, was ihr Hungergefühl sagt.

Es ist anmaßend – und es fällt gleichzeitig so schwer, sich davon frei zu machen. Ist ja auch ganz klar, oder? Wir geben, ob wir wollen oder nicht, vieles weiter, was wir selbst gelernt haben, oftmals, ohne das noch mal zu überprüfen.

Für mich war es lange Zeit ein Zeichen von Respekt und Wertschätzung, dass meine Kinder ihre Portionen aufgegessen haben. Bis zu jenem Mittagessen, das einiges in mir wachgerüttelt hat. Ich hatte meiner Tochter den Teller gefüllt, doch sie saß völlig verzweifelt davor. Offensichtlich war sie mit der Größe der Portion, die ich für sie gedacht hatte, total überfordert. Weinend meinte sie: „Mama, guck mal, wie viel das ist. Wie soll das denn in diesen kleinen Bauch reinpassen? So viel Hunger habe ich gar nicht."

Hm, da hatte sie schon recht. Woher sollte ich wissen, wie viel Hunger sie hat, wie viel Kapazität ihr Bauch hat?

Aber in mir war auch ein innerer Konflikt. Ich mag es nicht sonderlich gern, wenn Lebensmittel verschwendet werden. Also das Essen wegwerfen? Kommt nicht infrage.

Und dann will sie am besten gleich was Süßes? Nee, das geht so nicht.

Aber sie zu überfüttern und Gefahr laufen, dass sie ihr natürliches Hungergefühl verliert, ging auch nicht.

Unser Kompromiss in solchen Situationen ist seitdem: Grundsätzlich wird hier nicht gegen Hunger gegessen. Das ist Fakt.

Deshalb ist es okay, wenn sie *jetzt* in der Situation keinen Hunger haben. Dann wird das Essen so gekühlt, dass sie, sobald sie Hunger haben, das Essen wieder aufwärmen können und dann wird das gegessen. Es gibt auch vorher nichts anderes. Es gab Zeiten, da standen nachmittags drei Teller mit Essen im Kühlschrank. So ist das dann halt.

Ich bemühe mich zudem zu fragen, wie viel Hunger sie überhaupt haben, bevor ich den Kindern Essen auftue. Ich gebe lieber etwas weniger auf, denn nachnehmen geht ja immer.

Als sie noch kleiner waren und es beispielsweise sehr geliebte Speisen gab, konnte es sein, dass die Augen größer waren als der Magen. Das ist okay. Das sind Erfahrungen. Während sie anfingen, etwas auf ihren Teller zu schaufeln (ja, das war schaufeln) habe ich höchstens gefragt: „Du bist dir sicher, dass du das alles essen kannst?"

Meistens waren sie felsenfest von ihren Vorhaben überzeugt. Wenn es dann nicht passt – ist es okay.

Manchmal erlebe ich es dagegen immer noch, dass nicht aufgegessenes Essen als persönliche Beleidigung gewertet wird. Wenn beim zweiten Mal nachnehmen nicht alles weggefuttert wird, fragt die Mama: „Schmeckts nicht?" Und wir wollen ja niemandem wehtun oder ihn gar verletzen. Also wird fleißig weiter gestopft, denn das eigene Hungergefühl ist nicht so wichtig wie die Mama.

Es ist gar nicht lange her, da saß ich in einer lustigen Kaffeerunde. Es gab selbstgebackenen Kuchen und wir haben uns gut unterhalten. Als die zweite Runde Kuchen verteilt wurde, meinte ich: „Nein danke, ich möchte lieber nur noch ein halbes Stück." Um mich herum war kurzes Entsetzen: Ich solle mal nicht so kleinlich sein. Das seien doch schließlich ganz kleine Stücke. Und prompt hatte ich ein ganzes Stück Kuchen auf meinem Teller.

Ich habe einfach die Hälfte des Stücks gegessen und dann aufgehört. Es hat in dem Moment nicht mal jemanden interessiert.

Wir dürfen uns aus diesen Dogmen befreien. Unsere Eltern wurden von einer Generation aufgezogen, die wirklich Hunger gelitten haben. Die Eltern hatten nicht genug zu essen für ihre Kinder. Meine Oma hat mir mal gesagt: „Kind, du darfst niemals Essen wegwerfen – und schon gar nicht Brot."

Ich kann es so gut verstehen, dass sie diese Gedanken hatte. Das, was sie erlebt hat, muss furchtbar gewesen sein und es hat sich natürlich eingebrannt. Und sie hat vieles davon weitergegeben.

Doch ehrlich? Wir leben nicht mehr in einem Kriegszustand – und ich hoffe, dass ich das auch niemals erleben muss.

Wir haben von allem genug. Wir müssen nicht hamstern oder vorsorglich übermäßig konsumieren. Lasst uns achtsamer mit den Lebensmitteln umgehen. Die Portionsgrößen anpassen und dafür Sorge tragen, dass wir die Lebensmittelverschwendung anders bekämpfen, als dadurch, alles selber zu verwerten.

Lasst uns doch an den Kindern ein Beispiel nehmen. Lasst uns ihr Essverhalten übernehmen und nicht sie unseres.

Kapitel 6

In welche Richtung laufen wir?

*Ich mag Menschen, die mir Kraft geben,
anstatt sie mir zu rauben.*

– unbekannt

Wusstest du, dass seit der Erfindung von Social Media die Suizid-rate bei Mädchen stark gestiegen ist? Eine über zehn Jahre laufende Studie hat herausgefunden, dass eine regelmäßige und häufige Nutzung von Social Media das Suizidrisiko bei Mädchen deutlich erhöht.[5]

Mich persönlich hat das sehr erschrocken. Doch ist das wirklich überraschend?

Der Umgang, der in den sozialen Medien gepflegt wird, ist oftmals alles andere als witzig. Fotos werden hämisch kommentiert, Menschen von völlig Fremden aufgrund ihres Aussehens niedergemacht.

Da ist schon mal ein dickes Fell nötig und auch die nötige Courage, Menschen zu blockieren.

Dunja Hayali gewann im Jahr 2018 die Blaue Zunge – einen Preis für ihr außergewöhnliches Engagement. Carolin Kebekus hielt die Laudatio. Die Preisübergabe fand in der Kölner Rednernacht von Gedankentanken statt, an der Markus und ich teilgenommen haben.

---

[5] Vgl. https://psylex.de/stoerung/suizid/faktoren/soziale-medien/ (Stand: 2.3.2022).

Die beiden Frauen kamen auf die Bühne und fingen an, wirklich böse und schockierende Sätze zu sagen. Ich brauchte einen Moment, bis ich verstand, dass die beiden sich das nicht ausgedacht haben, sondern Kommentare vorlasen, die unter ihren Postings veröffentlicht wurden. Sie wurden in Kommentaren und Nachrichten beispielsweise aufgefordert, sich umzubringen, endlich abzuhauen und ihr Pack mitzunehmen. Ich war bestürzt, mit welchem Hass sich die zwei Frauen (und sie stehen ja für viele) auseinandersetzen müssen. Wenn Menschen dir sagen, du solltest dich besser umbringen, das geht nicht spurlos an einem vorbei. Aber ich glaube, sie haben für sich eine Art gefunden, proaktiv damit umzugehen. Beispielsweise postet Dunja Hayali jeden Kommentar und jede Nachricht öffentlich. Sie nimmt diesen Menschen damit die Anonymität des Internets.

Dunja Hayali und Carolin Kebekus sind stark und haben ein gewisses Standing. Junge Mädchen haben dieses Standing oft noch nicht. Sie lassen sich von den Kommentaren und den Likes stark beeinflussen. Und das hat tiefgreifende Auswirkungen auf ihr Selbstwertgefühl.

Es gab auch bei mir Zeiten, in denen ich mich nicht getraut habe, auf Facebook oder Instagram das zu sagen, was ich wirklich meine, weil ich Angst vor Hatern hatte.

Das hat sich geändert. Inzwischen ist für mich klar: Mein Leben, mein Business – meine Regeln.

Das Geschäft mit dem Schmerz

Und was hat das jetzt alles mit unseren Körpern und unserem Gewicht zu tun?

Eine ganze Menge. Was wird uns denn ständig in den sozialen Medien gezeigt?

FAKES.

Frauen, die auf eine völlig unnatürliche Art und Weise posieren, um möglichst gut rüberzukommen. Sie verwenden Filter, die die Augenringe verschwinden lassen und ein völlig falsches Bild wiedergeben. Warum falsch? Weil es nicht real ist.

Doch diese Bilder lösen in uns große Unzulänglichkeitsgefühle aus. Auf eine sehr suggestive Art und Weise füttern diese Bilder unseren inneren Zweifler und Kritiker: jene Stimme in uns, die uns weismachen will, wir seien nicht richtig, wie wir sind.

Kürzlich traf ich mich auf ein Glas Wein mit ein paar Freundinnen. Im Lauf des Gesprächs kamen wir auf die Influencer und dass Teenager oft nicht unterscheiden können, was Realität ist und was Fake. Weil ich derzeit gerade intensiv mit den Recherchen für dieses Buch beschäftigt war, erzählte ich von der Studie mit dieser furchtbaren Suizid-Entwicklung.

Meine Freundinnen waren völlig entsetzt. Was aber dann folgte, hat mich unfassbar wütend gemacht.

„Wo sind denn die Eltern dieser Kinder?"

„Warum redet denn keiner mit denen?"

„Das ist ja unverantwortlich, dass Eltern ihre Kinder so allein lassen."

Ich war von der Wucht dieser Schuldzuweisung echt getroffen. Besonders, weil wir uns alle schon sehr lange kennen und ich weiß, dass bei vielen das Thema Figur oft auf dem Tisch landet und das Aussehen auch megawichtig ist.

Meine Antwort war: „Das ist ja super. Wie willst du denn als Kind deine Ängste und Sorgen teilen, wenn du mitbekommst, dass deine Eltern ständig über andere lästern, weil die gerade so zugenommen haben? Es ist so falsch, ‚Schuld' zu verteilen. Das würde ja im Umkehrschluss bedeuten, dass sich Eltern, deren Kinder sich suizidieren oder die eine Essstörung bekommen, grundsätzlich nicht gekümmert haben. Das ist ja mal eine wunderbar leicht gemachte Schuldzuweisung."

An dieser Stelle möchte ich dazu sagen, dass ich persönlich denke, es gibt keine „Schuld". Jeder von uns trägt Verantwortung. Und, nenn mich naiv, aber ich glaube daran, dass jeder in allerbesten Absicht handelt und sein Bestes gibt.

Ich glaube nicht an ein Versagen auf ganzer Linie – auch, wenn es viele andere tun und es sich, meiner Meinung nach, damit sehr leicht machen.

Krankheiten entstehen – und Essstörungen sind ernstzunehmende Erkrankungen genauso wie Depressionen. Doch ist es für uns in dieser Gesellschaft immer noch schwer, damit umzugehen bzw. zu verstehen. Es ist einfacher, ein körperliches Gebrechen zu sehen als ein seelisches.

Ich glaube, die Situation für Eltern, deren Kinder krank werden und dann keinen Ausweg mehr sehen, ist unfassbar schlimm. Sie werden genug über sich selbst richten, ohne dass sie noch ein Urteil von jemand anderem brauchen.

Und meiner Erfahrung nach sind die Gründe für diese Erkrankungen und auch Suizide komplexer, als man es bei einem Glas Wein aufgrund eines kleinen Bildausschnitts erkennen kann.

Das Gefühl der Unzulänglichkeiten und des Versagens tragen wir alle ein Stück in uns.

Wenn du jetzt denkst, ich übertreibe ein bisschen, dann lade ich dich herzlich ein, dir die Fernsehwerbung mal genauer anzuschauen.

Wir werden in eine Art Mangel und Abhängigkeit hineinmanövriert. Denn eine riesige Industrie lebt von unseren inneren Zweiflern und Kritikern. Glaubst du, es besteht da ein Interesse, dass wir uns endlich selbst so lieben, wie wir sind?

Aber, bitte, daran kann man doch nichts verdienen.

Wenn wir aber dieses Unzulänglichkeitsgefühl füttern, indem wir uns skeptisch im Spiegel anschauen und denken, wir sind erst schön, wenn die Fältchen und/oder die Cellulite verschwunden ist, dann kaufen wir die entsprechenden Produkte.

Auch ich schminke mich und kleide mich gern schön. Doch immer noch: Ich tue es für mich. Und nicht, weil ich denke, dass es ein Schritt hin zu mehr Perfektion ist, sondern weil ich weiß, dass ich bereits gut genug bin und Perfektion nicht erstrebenswert ist.

Jede Diätpille, jedes Pülverchen, jedes Programm verkauft sich über einen inneren Schmerz; den Schmerz, nicht richtig, nicht gut genug, nicht perfekt zu sein. Und dieses System funktioniert großartig.

Und ehrlich, ich finde nichts ätzender, wenn mir jemand *den* erfolgreichen Weg zum Wunschgewicht verspricht und anschließend irgendwelche komische Konzepte, Bedingungen oder Programme aus der Tasche zieht. Darauf bin ich wirklich oft genug reingefallen.

Denn mein innerer Schmerz war so groß, mein innerer Kritiker so aktiv, dass sich deren Marketing schnurstracks einen Weg in mein Hirn gespurt hat.

Begriffe wie Einfachheit und langfristige Erfolge, gepaart mit Bildern von schönen Frauen, die locker, luftig, leicht in wunderschönen Sommerkleidern durch Felder schlendern, haben ihr Übriges getan.

Mein Kopf wusste, dass das ein Fake ist. Doch mein innerer Dialog sah so aus:

„Oh, guck mal ... wie schön ... oh, das will ich auch ... das soll ganz einfach gehen."

„Aber Ellen, das haben wir doch schon so oft probiert und es war dann doch einfach rausgeworfenes Geld."

„Ja, aber dieses Mal ist es bestimmt anders. Guck mal, wie glücklich diese Frau aussieht. Ja, wenn ich so eine tolle Figur hätte, dann wäre ich auch viel glücklicher"

„Aber meinst du wirklich, die wissen, wie es geht? Meinst du nicht, es könnte wieder zu einer großen Enttäuschung werden?"

„Nein, auf keinen Fall – und ich brauche das jetzt. Ich brauche das, um glücklich zu sein."

(Du darfst glücklich gerne durch andere Adjektive wie z. B. fit, schlank, sportlich, schön ersetzen.)

In dem Moment, in dem ich denke, ich *brauche* etwas, weiß ich heute, dass dies aus meinem inneren Mangeldenken kommt. Ein Mangeldenken hält mich aber klein und vor allem davon ab, meine wahren Kapazitäten und Kräfte zu aktivieren.

Warum denke ich, dass ich eine bestimmte Ernährungsform brauche? Wäre es nicht sinnvoller, meinem Körper und mir zu vertrauen, dass ich die Signale, die er sendet, auch richtig deute?

Ein einfaches Beispiel: Wie oft wird dir suggeriert, dass du, wenn du müde und erschöpft bist, nur dieses oder jenes Präparat nehmen solltest und – schwups – bist du wieder voll da?

Ist das die richtige Interpretation deiner Körpersignale? Wäre es nicht sinnvoller, dich dieser Müdigkeit mit deinen eigenen Möglichkeiten anzunehmen, vielleicht mit einem kleinen Schläfchen oder einer Pause?

Ach, nee, stimmt ... das geht ja oftmals gar nicht in unserer Gesellschaft. Wer hat denn schon Zeit für eine gute Work-Life-Balance? Da ist es natürlich naheliegend, sich der angepriesenen Hilfsmittel zu bedienen, die die Müdigkeit schnell und unkompliziert „wegmachen".

Wie du vielleicht merkst, ist hier recht geballte Energie von mir, denn das macht mich wütend. Ich werde so sauer, wenn ich darüber nachdenke, wie oft ich auf diesen Scheiß reingefallen bin und wie gut dieses Konzept funktioniert. Denn nichts anderes ist es: ein perfide vorbereitetes Konzept.

Und das Schlimmste: Keiner dieser Anbieter hat wirklich Interesse daran, dass wir irgendwann ohne seine Produkte klarkommen, denn dann verdient er kein Geld mehr an uns. Und so wird weiter suggeriert, wie eine perfekte Frau auszusehen hat. So werden weitere Mangelgefühle angesprochen und weitere Schmerzen bewusst gemacht. Es geht darum, die Lösung eines Schmerzes anzubieten und gleich hinterher weitere Schmerzen bewusst zu machen – so wird eine Art Dauerabhängigkeit erzeugt, damit sich die Kund*innen quasi nicht mehr vorstellen können, ohne einen zu leben.

Ich habe diese Art des Marketings kennengelernt, als es in einem Coaching darum ging, Konzepte für Workshops und Seminare zu erstellen. Weil ich meine Brötchen auch nicht von Luft und Liebe kaufe, habe ich es tatsächlich versucht. Aber es hat nicht funktioniert.

Wieso nicht? Weil ich etwas getan habe, was ich zutiefst verabscheue. Was meinst du, wie erfolgreich so was ist? Genau – gleich null. Doch es hat mir gezeigt, wie Marketing funktioniert. Schlechtes Marketing zwar, aber egal.

Wieso ist das wichtig zu wissen? Weil es mich schützt. Es hilft mir, zu erkennen, wann meine tiefen inneren Schmerzen befriedigt werden. Wenn es darum geht, etwas von außen hinzuzufügen, damit es mir besser geht, was meine Mangelgefühle befriedigt.

Dadurch laufe ich weniger Gefahr, mir Produkte oder Dienstleistungen zu kaufen, von denen ich denke, ich bräuchte sie unbedingt.

Ich bin der festen Überzeugung, dass wir alles haben, was wir brauchen, um gesund, schlank, glücklich leben zu können. Uns wird nur schon seit Jahren suggeriert, was wir alles brauchen und wie unvollständig wir sind, sodass wir uns nicht mehr trauen, aus diesem Scheiß auszusteigen. Weil wir dann denken, wir würden es verpassen, unser Leben grandios zu leben.

Ich habe es in Seminaren, die auf diesem Konzept aufgebaut waren, erlebt, dass Menschen heulend am Boden lagen, weil sie dachten, dass sie das Coaching, das nächste Seminar unbedingt bräuchten, aber es sich nicht leisten konnten.

Und genauso habe ich es erlebt, dass sich wunderschöne Frauen verschuldet haben. Sie haben Beauty-Produkte gekauft, die sie sich nicht leisten konnten, weil sie dachten, sie bräuchten sie.

Mir saßen Frauen gegenüber, die sich ihr Erbe haben auszahlen lassen, um sich einer Schönheitsoperation unterziehen zu können, weil sie dachten, sie wären nicht schön genug.

Das alles ist nur möglich, weil unser Selbstwertgefühl so erschreckend gering ist.

Natürlich kaufe ich heute noch Produkte oder besuche Seminare, aber nicht mehr aus einem Mangelgefühl heraus, das mir sagt, dass ich es brauche. Und schon gar nicht, weil mir jemand anderes erzählt, dass ich das brauche. Ich buche oder kaufe etwas, weil ich es will. Meine Bewertung dieser Produkte hat sich geändert.

Und klar, ich coache auch. Klar freue ich mich über eine zahlreiche Teilnahme an meinen Seminaren. Aber mir ist total wichtig, dass jeder Coachee lernt, ohne mich klarzukommen. Ich coache nicht in eine Abhängigkeit. Es gibt keine Dauerschleife. Das ist mit meinen Werten nicht vereinbar.

Weil es so wichtig ist, hier noch einmal:

Du bist wertvoll. Deinen Wert musst du dir nicht erst erarbeiten.

Du musst auch nicht erst etwas Wertvolles kaufen, was deinen Wert erhöht.

Dein Status sagt nichts über deinen Wert aus. Er ist völlig unabhängig von deinem Bankkonto, deiner Stellung oder deiner Beliebtheit.

Dein Wert wurde dir mitgegeben, weil du ein Mensch bist.

Einfach weil du bist.

Ja, wir können das manchmal vergessen, und es gibt durchaus Phasen, in denen es mir schwerfällt, meinen Wert zu sehen oder, besser gesagt, mich als genau richtig zu sehen. Doch das bin ich. Genau wie du.

Du brauchst nichts.

Du hast bereits alles.

Die Frage ist nur, ob du bereit bist, das auch anzuwenden.

Die Macht der negativen Energie ...

Stell dir einmal vor, du sitzt an einem Tisch mit zehn Frauen. Eigentlich geht es dir gut. Du hast dich viel mit deinem Mindset beschäftigt und im Gespräch mit einigen der Frauen hast du herausgefunden, die denken ähnlich wie du. Sie sind glücklich, fühlen sich wohl, jedenfalls erzählen sie das.

Dann fängt eine an, zu klagen und zu jammern. Wie schwer sie es hat, wie schlecht ihr Partner ist, die Klamotten passen nicht, die Kinder machen nur Stress …

Kurz bevor ich mit meinem positiven Mindset und einer anderen Perspektive auf die Situation ansetzen möchte, legt die Nächste los. Und dann stimmt wieder eine zu. Und selbst die Frauen, die im Einzelgespräch erzählen, wie glücklich sie sind, können sich nicht mehr zurückhalten und stimmen in den Jammerchor ein.

Lange Zeit habe ich dieses kollektive Jammern nicht verstanden und schon gar nicht gemocht, aber ich habe mich trotzdem oft dabei erwischt, dass ich mitgemacht habe … oh, ganz böse Falle, wenn wir mal an das Gesetz der Anziehung denken.

Es ist faszinierend und erschreckend gleichzeitig, wie schnell sich eine Grundstimmung ändern kann. Und dass Glücks- und Zufriedenheitsgefühle einem kollektiven Gemecker nicht standhalten können. Und dieses Geschehen hat so große Auswirkungen auf das eigene Wohlbefinden.

Vielleicht fragst du dich, ob ich da nicht ein bisschen übertreibe. Jeder kann doch auch mal Dampf ablassen. Ja, da stimme ich dir zu. Jedes Gefühl darf und möchte gefühlt werden. Doch es gibt einen großen Unterschied, ob ich *meine* Gefühle fühle oder ob ich – unbewusst natürlich – in die Gefühlswelt meines Gegenübers eintauche.

Mein Beispiel mit der Frauengruppe – es ist übrigens nicht fiktiv – passiert so häufig. Du gehst mit „eigentlich" guter Laune und mit dir im Reinen irgendwohin und während dieser Mecker-Geschichte deiner Nachbarin merkst du, wie deine Laune immer weiter nach unten sackt.

Deine schönen Geschichten, die erzählst du lieber nicht mehr. Wer mag schon Angeber? Wer möchte denn jetzt noch hören, wie gut es dir geht? Wen interessiert es denn, dass du dir gerade das Kleid deines Lebens gekauft hast und auch noch beförderst wurdest.

Also schweigst du. Aber du hörst mit. Und dein gutes Gefühl wird immer kleiner – dein Unwohlsein verstärkt sich.

Das ist die Überraschung: Dein Gehirn erinnert sich. Ja, in den Katakomben des Gehirns sind Erinnerungen mit Gefühlen abgespeichert. (Schau dir mal den Film „Alles steht Kopf" an, der ist großartig.) Und während du jetzt an diesem Tisch sitzt und zuhörst, gehen deine Erinnerungsdetektive auf die Suche. Sie suchen die Erinnerungen, die zu den beschriebenen Gefühlen passen. Und auf einmal sind ganz viele Erinnerungen präsent und du spürst vielleicht Wut – obwohl du bis jetzt noch nicht wütend warst. Du spürst vielleicht Traurigkeit, obwohl es doch gar keinen Grund gibt, traurig zu sein ... und so weiter. Und auf einmal ist deine Stimmung völlig im Eimer.

Das Ganze funktioniert natürlich auch bei anderen Gefühlen. Angst, Liebe oder Freude – da kannst du dir etwas aussuchen.

... und was du dagegen tun kannst

Und wie kommen wir raus aus dieser Situation, ohne direkt die gesamte Gruppe zu verlassen?

Nimm diese Kommunikation bewusst wahr. Oft stecken wir so in unserem unbewussten Verhaltensmuster, dass uns vieles gar nicht richtig auffällt. Also achte auf die Worte deines Gegenübers und mach dir klar, dass diese Gefühle und Gedanken nicht deine Gedanken sind. Um zu verhindern, dass dein Unterbewusstes jetzt die Riesenpalette an Verletzungen, Demütigungen und anderen miesen Gefühlen rausholt, atme tief durch und gehe in deinen Gedanken schnell in dein Gefühl, das ja bis gerade noch gut war.

Verändere, wenn du das kannst, innerlich die Sprache deines Gegenübers. Ich stelle mir gern vor, Verona Pooth spricht gerade mit ihrer etwas piepsigen Stimme. Dann höre ich mir das zwar an, aber ich kann es in dem Moment gar nicht mehr so ernst nehmen. Damit verhindere ich, dass ich in diesen Strudel eintauche. Es gab auch Momente, in denen ich laut auf den Tisch gehauen habe – einfach, um den Moment zu durchbrechen.

Es ist mir bewusst geworden, wie gern wir Frauen uns über etwas Schlechtes unterhalten. Wie sehr wir es gewohnt sind, Negatives zu benennen, anstatt Komplimente zu machen, uns zu freuen und zu feiern. Das macht mich oft total traurig.

Markus kann davon ein Lied singen. Es ist immer wieder ein kurzer mahnender Blick nötig, um mich noch mal daran zu erinnern, dass ich keinen Coaching-Auftrag habe.

Die wirklich krassesten Gespräche habe ich in unserem Wellnesshotel erlebt.

An einem Wochenende kam mit uns zeitgleich eine Gruppe von zehn Frauen an. Sie waren sehr aufgeregt, schnatternd und voller Vorfreude. Ich sah aus dem Augenwinkel, wie Zettel herumgereicht wurden. Und dann fiel der Spruch: „Ja, von nix kommt nichts. Weißt du, wie gut das Essen hier ist? Das müssen wir uns schließlich auch erst verdienen."

Meine Augenbraue zuckte. Wie sind die denn drauf?, fragte ich mich.

„Ja, ich weiß", hörte ich eine andere Frau sagen, die nicht gerade glücklich aus der Wäsche guckte, „aber ich hatte mich so auf ein bisschen ausspannen und ausschlafen gefreut. Dass du hier den Fitnessraum für Rund-um-die-Uhr-Training gebucht hast, das war mir nicht klar."

Sehr spannend, dachte ich mir. Aber nicht meine Baustelle. Tja, denkste.

In so einem Hotel läuft man sich ja schon häufig über den Weg. Und ich bin mir sicher, es gab auch viele gute Gründe, warum diese Gruppe und wir uns ständig über den Weg laufen mussten.

Vielleicht haben wir es noch mehr genossen, auszuschlafen und auszuspannen, weil wir gehört haben, welches Stress-Programm da abgezogen wurde (zumindest war es das in unseren Augen, aber da fühlt ja jeder seins).

Wirklich anstrengend war allerdings, dass diese Damen beim Abendessen den Tisch hinter uns belegten. Und in einer Gruppe von zehn Frauen verlaufen Unterhaltungen bekanntlich nicht gerade sehr leise.

Auf dem Weg zum Tisch hatte ich zwei der Damen schon vor mir. Ihre Blicke gingen nach links und nach rechts zum Buffet (was immer wieder köstlich ist) und sie kommentierten, was das Zeug hielt.

„Alter, schwimmt der Lachs in Soße – bestimmt reinste Sahne, das esse ich bestimmt nicht."

„Guck dir mal die an, wie die ihren Teller vollgepackt hat, dass die so aussieht, kein Wunder."

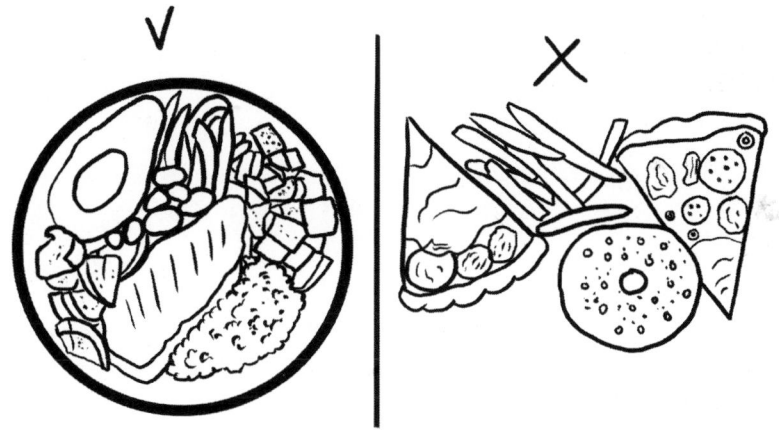

„Oh, ein Käse-Buffet, da sollte man direkt einen Defibrillator neben stellen – da ist der Herzinfarkt ja vorprogrammiert."

Als wir an unserem Tisch ankamen, war ich schon total genervt. Natürlich konnte mich das nur nerven, weil ich in dem Moment noch nicht wusste, wie ich mich abgrenzen sollte. Na klar, habe ich gehört, was ich hören wollte, weil mein Unterbewusstsein ja ewig so dachte und diese Gedanken auch nicht ausradiert wurden.

Wir bestellten uns einen guten Rotwein und am Tisch hinter uns gingen die Gespräche weiter.

„Das Sportprogramm ist nichts für mich – ich bin so müde und möchte lieber etwas schlafen."

„Ach komm, das ist doch Anstellerei. Du hast schließlich zwei Kinder bekommen. Um deinen Körper in Form zu bekommen, musst du was tun. Du willst doch nicht etwa so aus der Form bleiben, oder?"

Ich guckte Markus irritiert an. Er lächelte verschmitzt seinen Teller an.

„Ellen, das macht dich wahnsinnig, oder?"

Ich grummelte vor mich hin …

„Also, können wir nicht einen anderen Raum buchen? Ich fühle mich vor den ganzen Spiegeln so gar nicht wohl."

„Ach, hab dich doch nicht so, so schlimm ist deine Cellulite ja gar nicht. Aber ich habe da ganz tolle Erfahrung mit dem Produkt XY gemacht – das solltest du unbedingt mal probieren."

„Wisst ihr, ich überlege schon eine ganze Weile, ob ich nicht in Düsseldorf – da gibt es so eine Klinik – mal was machen lassen soll, so Augenlid-Straffung, Doppelkinn bearbeiten lassen."

„Ja, das musst du unbedingt machen. Was meinst du, wie gut du dann wieder aussiehst."

Gott sei Dank war in diesem Moment der Rotwein da.

Die Situation war für mich superanstrengend. Einerseits wollte ich diesen Abend mit Markus in dieser wunderbaren Location unbedingt genießen. Wir hatten uns so darauf gefreut. Ich wollte mir auch auf keinen Fall das Essen verderben lassen. Andererseits waren ihre Gespräche so laut und so anstrengend, dass es mir schwerfiel, mich auf Markus und unser eigenes Gespräch zu konzentrieren.

Also begann ich, eine Technik aus dem Neurolinguistischen Programmieren anzuwenden: das Reframing. Das bedeutet, dass ich den Rahmen für meine Situation geändert, also quasi einen Perspektivwechsel vorgenommen habe.

Ich stellte mir vor, wie die Frauen hungrig und müde am Buffet vorbeigingen. Dabei habe ich mir die Frauen wie Comicfiguren vorgestellt. Vielleicht kennst du diese Comics, in denen bei einem tollen Essen der Figur fast die Augen rausfallen oder wenn eine der Figuren sehr hungrig ist, sie ihr Gegenüber als gebratenes Hühnchen wahrnimmt.

In diesem Moment wurde es leichter, ihre Gespräche nicht mehr so zu bewerten, denn es ist ja ihr gutes Recht, sich so zu unterhalten. Auch, wenn ich das als nicht gerade sympathisch einordne. Ich würde sogar noch weiter gehen. Es macht mich auf eine gewisse Art und Weise sehr traurig, wenn ich solche Gespräche mitbekomme.

Wir haben zwei Möglichkeiten: „Entweder machen wir uns unglücklich oder wir machen uns stark. Der Arbeitsaufwand ist derselbe."[6]

Und diese Entscheidung, was wir tun, die liegt jeden Tag, jede Stunde, bei uns selbst.

Mein Learning nach solchen Frauenaktionen ist: Ich mach da nicht mehr mit. Schon sehr lange nicht mehr. Ich möchte kein kollektives Jammern und Motzen. Ich möchte wertschätzende und dankbare Kommunikation.

Manchmal passiert es, dass eine Freundin aber noch im „Geht nicht"- oder „Alles ist Scheiße"-Modus steckt. Ein paar schlechte Nachrichten, eine Fahrt mit der Deutschen Bahn, das ausverkaufte Franzbrötchen beim Bäcker und – schwups – fällt sie aus allen Wolken und die Landung ist nicht sehr sanft.

---

6   Lars Amend, Why not, S. 199.

Kennen wir, glaube ich, alle. Was mache ich dann?

Erst mal lasse ich sie reden. Dampf ablassen, ohne dass ich direkt einen Rat weiß. Dann frage ich, was sie jetzt tun möchte. „Möchtest du dich jetzt einfach ein bisschen scheiße fühlen oder möchtest du da raus?" Ich habe noch nie die Antwort bekommen: „Ich fühle mich jetzt gerne erst mal ein bisschen scheiße."

Dann beginnen wir gemeinsam mit dem Reframing. Wir verändern die Perspektive.

Vielleicht hatte heute jemand einen schlimmen Unfall auf den Bahngleisen und deshalb war die Bahn unpünktlich?

Da kommt die erste Spur von Betroffenheit.

Die Franzbrötchen (eine Spezialität in Hamburg – einfach köstlich) hat der Leiter einer Einrichtung in einem sozialen Brennpunkt aufgekauft, damit heute Morgen alle Kinder, die zu Hause kein Frühstück bekommen haben, ein Franzbrötchen frühstücken können.

Natürlich habe ich diese Gegebenheiten gerade erfunden, doch genau darum geht es beim Perspektivwechsel. Kurz zu überlegen, welche anderen Ursachen es für deine Situation geben könnte, verändert den Blickwinkel.

Ob das dienlich ist? Absolut. Schließlich weißt du in dem Moment, in dem du dich über die verspätete Bahn oder die ausverkauften Franzbrötchen ärgerst, auch nicht die Gründe dafür. Die denken wir uns doch auch zurecht. Wieso dann nicht mit einer positiven Wendung?

Das funktioniert übrigens auch hervorragend, wenn gerade niemand das ist, der dich aus dem Loch herausholen kann (falls du das möchtest) – auch in Bezug auf den eigenen Körper.

Überlege mal, was dich persönlich sofort runterzieht: Sind es Fotos von dir, auf denen du dich nicht gut fühlst? Ist es dein Spiegelbild? Sind es gewisse Sachen im Schrank?

Welche Möglichkeiten gibt es hier für ein Refraiming? Wie kannst du da in einen Perspektivwechsel gehen?

Wie kannst du die Dinge nun anders sehen?

Anmerkung:

Das Thema Cybermobbing genauso wie suizidale Gedanken sind wirklich ernst zu nehmen. Es würde meine Kompetenz hier deutlich überschreiten, wenn ich ausführlicher darüber schreiben würde – da gibt es Experten. Ich habe dir im Literaturverzeichnis Kontakte und Anlaufstellen herausgesucht, an die du dich unbedingt wenden solltest, wenn dich oder jemand, den du kennst, dieses Thema betrifft. Hilfe anzunehmen, ist eine Stärke und keine Schwäche.

Notfall Infos:

https://www.buendnis-gegen-cybermobbing.de

https://www.nummergegenkummer.de

https://www.bzga-essstoerungen.de

Kapitel 7

Auch wenn es schwer fällt: kommunizieren hilft

„Wir haben alle zwei Leben. Das zweite beginnt, wenn du erkennst, dass du nur eins hast."

– Mario Raul De Morais Andrade

Neulich wurde ich gefragt, was denn die Leute zu dem sagen, was ich so tue. Ich musste sehr laut lachen und meinte: „Das ist eine gute Frage – ich habe überhaupt keine Ahnung."

In diesem Moment wurde mir bewusst, wie viel Freiheit ich erlangt habe. Das war nicht immer so. Mir war es lange Zeit meines Lebens total wichtig, was und vor allem wie von mir gedacht wurde.

Das hat viel mit der Fassade zu tun, die ich gerne aufrechterhielt. Ich kann jede Frau verstehen, die das tut. Wir haben alle unsere Verletzungen und fühlen uns manchmal unwohl, ja, oft auch minderwertig. Diese Gefühle werden auch vom Verhalten unseres Umfelds beeinflusst und natürlich von unserer Bewertung.

Bei einer Gartenparty saßen wir einmal mit einem uns bis dahin unbekannten Paar zusammen. Wir unterhielten uns nett, bis wir entschieden, gemeinsam zum Buffet zu gehen. Das Paar, das mit uns am Tisch saß, beide absolut traumhafte Figuren, ging hinter uns.

Ich bediente mich am Buffet und bedauerte etwas, dass der Teller so klein war.

Als wir uns wieder setzen, fiel mein Blick auf den Teller der Frau. Und meine Kinnlade fiel runter. Es sind Momente wie diese, in denen ich mir wünschte, mein Gesicht besser kontrollieren zu können.

Da war so wenig Essen auf dem Teller, dass ich mich echt schlecht gefühlt habe. Ich fühlte mich wie ein verfressenes Etwas. Aber es kam noch besser. Nach ihren paar Salatblättern und einem Happen Hähnchen meinte sie: „Boah, jetzt bin ich aber satt."

Ihr Partner kommentierte: „Du hast aber auch reingehauen. So wird das mit der Bikinifigur nichts. Und dann beschwerst du dich wieder, dass du aussiehst wie ein Wal."

Und es entbrannte eine unangenehme Diskussion zwischen den beiden – unangenehm in erster Linie für uns.

Dieser Dialog hat mich sehr nachdenklich gemacht. Markus meinte auf dem Nachhauseweg:

„Das war ja schräg. Habe ich dein Essen schon mal kommentiert?"

Der erste Impuls war: „Nein und das solltest du auch lieber nicht ausprobieren."

„Aber wieso würde es dir etwas ausmachen? Wie kämst du darauf, dass du mir in irgendeiner Art und Weise Rechenschaft schuldig wärst?"

„Na ja, ein Teil von mir hat ja heute Abend auch gedacht, wenn die diese Mini-Portion schon viel fanden, was sollten die bloß über mich denken? Und: Ist das vielleicht wirklich zu viel?"

„Aber du hattest doch Hunger, oder?"

Ich so: „Ja, stimmt. Ich habe gegessen, bis ich satt war. Bis zu dem Moment, als die beiden dazu kamen, hatte ich mir keine Gedanken darüber gemacht."

„Also solltest du dir auch jetzt keine Gedanken darüber machen."

„Ja, aber das ist gar nicht so einfach. Ich mache mir schon viele Gedanken über mich, über meine Figur und mein Essverhalten ... das ist alles so furchtbar anstrengend."

„Aber Schatz …", gefolgt von zärtlichem Händestreicheln …

Im Alltag passiert es, dass ich vergesse, wie großartig mein Mann ist.

Einfach erzählen

Da Markus und ich schon seit 25 Jahren ein Paar sind, hat er sämtliche Höhen und Tiefen von mir und ich von ihm mitbekommen.

Er hat nie, wirklich nie auch nur mit einem Wort meine Figur, mein Essverhalten oder irgendwas davon kommentiert. Ich habe oft von Frauen gehört, die sich von ihrem Mann unter Druck gesetzt fühlen, weil er sich negativ über ihren Körper äußert.

Für mich ist das schwer nachvollziehbar und auch überhaupt nicht zu verstehen. Als würden Frauen, die gerade Kinder bekommen haben, die vielleicht mit ihren Hormonen zu tun haben, die nicht aus ihren gewohnten Mustern raus können usw. sich absichtlich „gehen lassen" oder an den Kilos festhalten.

Glaubt irgendjemand auf dieser Welt, dass es jemand willentlich die Entscheidung trifft: „Okay, ich entscheide mich lieber für das Übergewicht. Gefalle ich mir besser. Steht mir auch viel besser. Und um meine Gesundheit mache ich mir sowieso nie Sorgen."

Sorry, aber bis jetzt habe ich noch nie jemanden kennengelernt, der oder die so von sich gedacht hätte.

Wieso wird das dann so oft als Vorwurf formuliert, bei dem die Botschaft mitschwingt: „Jetzt geißle dich halt, spar dir die Kalorien vom Munde ab"? Ich könnte jetzt mehrere „blöde" Sätze aufzählen, aber ich glaube, ihr wisst gerade alle, was ich meine.

Markus hat hier jede Diät mitgemacht. Er hat tapfer Kohlsuppe geschlürft (wenn auch seine Arbeitskollegen ihn mit Apfelkuchen und Wurstbrötchen unterstützt haben), genauso wie er Hüttenkäse mit Möhrchen und Sellerie gegessen hat.

In anderen Zeiten haben wir abends zusammen ein Eis genascht und er hat nie einen Kommentar über die Portionsgröße oder so fallen lassen.

Als ich, nachdem ich so abgenommen hatte, wieder anfing, zuzunehmen, fand er mich einmal mit einer absoluten Lieblingshose, die zur Hoffnungshose mutiert war, auf dem Bett – traurig, weinend. Er meinte nur: „Ach, Ellen, mach dich doch nicht so fertig. Überleg doch mal, was du alles erreicht hast. Ist das jetzt wirklich wichtig?"

Ich habe seine Worte damals nicht als sehr tröstend empfunden, weil ich das Gefühl hatte, er versteht mich nicht. Dabei hat er viel besser verstanden als ich. Er schlug mir vor, die Hose doch einfach eine Nummer größer zu kaufen. Ich lehnte das aus Prinzip ab.

Die Hose befindet sich noch in einer speziellen Kiste auf dem Dachboden. Und ich weiß, ich werde sie wieder tragen. Doch bis dahin trage ich halt einfach andere.

Obwohl Markus mir nie Druck gemacht hat, ist es mir sehr schwergefallen, über dieses Thema mit ihm zu sprechen. Vielleicht, weil ich mich selbst so verurteilt habe. Vielleicht, weil ich mir das Ausmaß meiner Traurigkeit über mich selbst nicht eingestehen wollte.

Es ist noch gar nicht lange her, als wir dieses Gespräch geführt haben, in dem ich keinen „belanglosen" Trost oder eine Pauschalerklärung wollte, sondern einfach mal erzählt habe, was so in meinem Kopf vor sich geht. In welcher Frequenz diese Gedanken arbeiten, dass es für mich quasi immer und allgegenwärtig war.

Er hat ein paar Fragen gestellt, die auch seinen Zweifel und sein Unverständnis ausdrückten. Ich musste etwas gequält lächeln; das Wort *immer* ist vielen Menschen in seiner Bedeutung nicht so bewusst.

In diesem Moment habe ich mein tiefstes Inneres nach außen geholt und diesen Gefühlen und Gedanken einen Raum gegeben.

Das war zwar hart und schwierig, aber es hat sich für mich gelohnt. Die Dinge verlieren ihren Schrecken, wenn wir uns trauen, sie auszusprechen.

Allen von euch, die sich mit dem Gesetz der Anziehung auseinandersetzen, kann ich sagen, mir ist das Ausmaß meiner Gedanken bewusst. Doch leider habe ich bis dato keinen Aus-Schalter für diese Gedanken gefunden.

Aber es mit Markus zu teilen, ohne direkt Vorschläge, Verbesserungen oder Pauschalisierungen zu hören, war schon mal ein sehr wichtiger Schritt für mich.

Was machen wir denn, wenn unser Partner nicht dieses Verständnis aufbringt? Wenn er, ob bewusst oder unbewusst, Druck ausübt?

Du möchtest ihm gefallen und du weißt, er verurteilt Frauen mit ein paar mehr Kilos auf den Hüften. Du hörst, wie er über diese Frauen ablästert und du hast Angst, dass du ihn verlierst, weil du nicht seinem Schönheitsideal entsprichst?

Es gibt keine Pauschallösung

Mich seelisch vor Markus so nackig zu machen, war nicht einfach, aber für mich total wichtig. Es war, als hätte ich einen Riesenstein, den ich sehr lange mit mir herumgeschleppt habe, einmal ablegen können. Ich fühlte mich total erleichtert, weil ich ausgesprochen habe, wie sehr mich das Thema beschäftigt.

Markus kann seither mit einigen Situationen, die für mich nach wie vor herausfordernd sind, viel besser umgehen, weil er mich versteht. Auch hier gilt: Oft können wir die Situation nicht ändern, aber wie wir damit umgehen, das schon.

Wie soll dein Partner wissen, dass er dich unter Druck setzt, wenn du es ihm nicht sagst? Und es ihm im Streit um die Ohren zu werfen, ist, glaube ich, nicht besonders hilfreich.

Wenn du, wie ich, mit einem Elefantengedächtnis auf dieser Welt unterwegs bist, ist es auch nicht unbedingt hilfreich, ihm unter die Nase zu reiben, wann und wo er was Verletzendes gesagt hat (habe ich probiert – war scheiße).

Vielleicht ist es für dich eine Strategie, mit ihm zu reden – offen und ohne Schuldzuweisung.

Vielleicht fragst du ihn auch mal, was er alles an dir mag. Und vielleicht überrascht dich seine Antwort.

Wir haben vor ein paar Jahren das Spiel „Vertellis" gespielt. Da geht es um tiefe Fragen, die man sich gegenseitig beantwortet. Es war total cool, das mit der Familie zu spielen. Ich hätte Fragen dieser Art nie gestellt, doch die Antwort zu hören, war sehr schön.

Doch auch, wenn auch, wenn du dich von deinem Partner unter Druck gesetzt fühlst, bist du selbst der Dreh- und Angelpunkt für dein Wohlbefinden. Wenn du mit dir selbst im Reinen bist (auch wenn das nicht immer zu 100 % möglich ist), dann kann er dich mit seinen Äußerungen gar nicht mehr triggern. Und wer weiß, vielleicht spricht er ja nur aus, was du tief in dir denkst?

Dein Umgang mit Triggern

Eine Kundin schrieb mir zwischen den Jahren, dass es zu einem Riesenkrach mit ihrem Mann gekommen ist. Nachdem die Kinder an Heiligabend endlich im Bett waren, saßen sie und ihr Mann noch im Wohnzimmer tranken noch einen Schluck zusammen. Obwohl sie eigentlich satt war, griff sie zu dem Süßigkeitenteller und naschte das erste Süße an dem Abend. Ungefähr zeitgleich erzählte sie ihrem Mann, dass sie sich total vollgefuttert fühle und die Hose schon öffnen müsse. Und er guckte sie an wie ein Auto und meinte: „Warum steckst du dir denn dann jetzt was Süßes in den Mund?"

Sie war total sauer, denn schließlich war es die erste Schokolade überhaupt, wie kann er sagen da, sie würde zu viel naschen ... du ahnst, was da alles auf den Tisch kam.

Das Ende vom Lied war ein großer Streit, der dazu führte, dass sie tagelang nicht richtig miteinander redeten.

Als meine Kundin und ich daraufhin telefonierten, meinte ich zu ihr: „Ich kann dich so gut verstehen. Da ist man eigentlich pappsatt – und vor einem stehen diese wunderbaren Leckereien. Ohne groß darüber nachzudenken, packt man eins aus. Und es ist – schwups – im Mund. Welchen Gedanken hattest du denn, als du es dir in den Mund gesteckt hast?"

Es wurde etwas still in der Leitung.

„Fuck – Mann, Ellen, ich habe genau das gedacht, was mein Mann gesagt hat. Bin ich verrückt? Ich bin doch satt, warum stecke ich mir das in den Mund?"

Tja, Fall gelöst – anstatt sofort auf Konfrontation zu gehen, könnten wir ja mal darüber nachdenken, welcher Teil in uns, von uns, diese Gedanken auch denkt. Wenn wir etwas nicht so fühlen, dann geht es auch nicht in Resonanz.

Spüre wirklich mal nach, welche Äußerungen machen denn etwas mit dir?

Gibt es Äußerungen oder Sprüche, die dir egal sind?

Hör mal genau hin.

Dein Partner muss deshalb nicht anfangen, sich jedes Wort dreimal zu überlegen und ob und wie er etwas sagen kann. Es geht vielmehr darum, dass du auch anerkennst, dass du diese Wunden, diese Verletzungen oder auch diese Erfahrungen in dir trägst und nicht einfach darüber weghören kannst.

Es gibt Sätze, Worte oder Äußerungen, die haben einfach mehr Gewicht. Es ist okay. Sei dir selbst gegenüber so fair, dass du das auch so anerkennst.

Und wenn dein Partner einen solchen Satz sagt, dann versuche, im Gespräch kurz mal innezuhalten und zu deinem Partner sagen: „Du, das, was du da gerade sagst, macht etwas mit mir."
Sag es ohne Vorwurf und ohne Anklage.

Was einfach total wichtig ist: Redet miteinander. Wenn ihr im Gespräch bleibt und euch miteinander austauscht, könnt ihr eurem unbewussten Verhalten mehr auf die Spur kommen und eine entsprechende Kommunikation in eurer Beziehung führen.

Kapitel 8

Warum wir den Frieden nicht auf der Waage finden

*„Schönheit beginnt in dem Moment,
da du beschließt, du selbst zu sein."*

– Coco Chanel

Wenn ich erst einmal abgenommen habe, wenn ich anders aussehe als jetzt, dann bin ich schön, dann kann ich strahlen. Kommt dir dieser Gedanke bekannt vor?

Und du liest Buch um Buch. Du hörst auf die neuen Studien und sammelst wissenschaftliche Erkenntnisse, immer in der Hoffnung, dass sich damit endlich alles verändert.

Meine gesammelten Werke füllen mehrere Regale. Von jedem Buch habe ich mir neue Weisheiten erhofft, die mich endlich an mein Ziel führen; eine einfache Erklärung, wie ich jetzt und sofort meine Kilos loswerden kann, damit ich endlich loslassen und strahlen kann. Doch die Erleuchtung blieb aus.

Was stattdessen kam, war immer mehr Verunsicherung. Vielleicht liegt es doch am Weizen? Oder bin ich gar zuckersüchtig? Ich könnte auch von der Gesamtmenge zu wenig essen.

Es schien sehr vielfältige Möglichkeiten zu geben, wieso und warum alles so war, wie es war.

Ist unsere Ernährung wirklich der einzige Einflussfaktor auf unser Gewicht und unsere Gesundheit?

In meine Praxis kommen so viele Frauen, die mit sich und ihrem Körper unglücklich sind. Bei vielen sehr großen Frauen bin ich völlig perplex, was sie täglich essen. Nämlich fast nix – und dennoch klebten die Kilos an ihnen wie Pech und Schwefel.

Viele Ernährungsexpert*innen sagen, das liege an den Funktionen unseres Körpers. Wir können durch Diäten unseren Stoffwechsel völlig herunterschrauben. Der Körper denkt, er wäre in einer Hungersnot, und um unser Gehirn und die Muskeln versorgen zu können, fährt er die Fettverbrennung runter – wenn dann die Diät beendet und abgebrochen wird, hat der Körper Angst, es kommt bald wieder eine Hungersnot und lagert Fettdepots an.

Was der Stress mit dem Essen verdeckt

Ich glaube, es steckt noch etwas mehr dahinter. Unser Körpergewicht erfüllt auch da noch eine weitere Funktion. Der Psychotherapeut Jacques Martel beschreibt es folgendermaßen:

„Die Fettschicht ist eine Form des Schutzes zwischen mir und meiner Außenwelt. Ängste halten uns in uns selbst gefangen. Das Übergewicht ist eine Art, meine Verletztheit und Unsicherheit zu verstecken."[7]

Weiter schreibt er, dass wir auch versuchen, eine innere Leere zu füllen, dass wir etwas kompensieren, wenn wir uns im Stich gelassen fühlen, wenn wir einsam sind.

Die Passage, die ich persönlich am wichtigsten fand, war: „Es fällt mir schwer, durch Worte und Handeln meinen Platz im Leben einzunehmen. Ich betrachte mein Aussehen mit Geringschätzung; eine kleine Unvollkommenheit oder einige Pfunde mehr nehmen in meinen Augen riesige Ausmaße an, sodass ich meinen

---

[7] Jacques Martel, Mein Körper – Barometer der Seele. Das psychosomatische Lexikon, das schon beim Lesen hilft, Kirchzarten [13]2016, S. 199.

guten Eigenschaften und meine körperlichen Reize nicht mehr erkennen kann. Da ich meine ganze Aufmerksamkeit auf das Unschöne lenke, reagiert mein Körper, indem er noch mehr Gewicht ansetzt, damit ich endlich merke, wie hart und zerstörerisch ich mir selbst gegenüber durch meine negativen Gedanken bin."[8]

Hand aufs Herz – wohin gehen deine Gedanken? Auf einer Skala von 0 bis 10, wie häufig denkst du, dass dein „falsches Essverhalten" der Grund für dein Gewicht ist?

Nein, du bist nicht selbst schuld daran. Auch wenn es genau dieses Bild ist, das uns gesellschaftlich suggeriert wird: dass Körpermaße und Körperformen etwas über einen Menschen und sein Essverhalten aussagen.

Es wird uns suggeriert, dass es als Frau nötig ist, statt Steak oder Pastete lieber den Salat zu essen, dass wir Süßes und Ungesundes vermeiden sollen. Dabei geht es in erster Linie gar nicht darum, gesund zu leben, sondern möglichst schlank zu sein.

Wir messen unserem Essen eine riesige Bedeutung zu und unsere Seele beachten wir nicht.

Was wäre, wenn wir das ganze Körper- und Gewichtsthema einfach mal psychologisch betrachten?

Fachleute wie beispielsweise Jacques Martel, Bradley Nelson oder Dawson Church haben alle diesen psychologischen Hintergrund erarbeitet und empfinden diesen als enorm wichtig.

Warum kümmern wir uns nicht mehr darum? Wieso ist es wahrscheinlich sogar das erste Mal, dass du diese Namen überhaupt hörst?

Sich mit den eigenen Themen und den Fragen nach dem Warum zu beschäftigen, ist sehr anstrengend. Anstrengender als jede Diät

---

[8] Martel, Mein Körper, S. 199.

oder jedes Konzept, was dir eine einfache und schnelle Abnahme garantiert.

Die eigenen Themen anzuschauen, bedeutet oft, sich auch mit unschönen Gedanken auseinanderzusetzen. Was wäre, wenn die Ursache meines Gewichts eine tiefe innere Leere ist, weil ich mich ungeliebt, einsam und nicht angenommen fühle? Welche Konsequenzen hätte diese Erkenntnis?

In erster Linie tun diese Gedanken und Wahrheiten weh. Es ist nicht schön, sich ungeliebt oder unzulänglich zu fühlen. Und viele Menschen vermeiden jede Art von schmerzvollen Prozessen. Sie wollen gar nicht an die Ursache, an den Kern ihres persönlichen Übels. Da ist es doch viel einfacher und bequemer, dem Essen die Schuld für alles zu geben.

Das innere Kind und was es mit deinem Gewicht zu tun haben könnte

Vielleicht hast du dich schon mal mit dem „Inneren Kind" auseinandergesetzt. Vielleicht ist dir dieser Aspekt aber auch völlig neu, deshalb lass mich bitte kurz erklären, was ich damit meine. Es gibt viele Experten und Expertinnen, die sich mit dem Thema sehr ausführlich auseinandergesetzt haben, ich habe mich hier bewusst für eine sehr vereinfachte Darstellung entschieden.

In jedem Menschen sitzt ein kleines Kind. Das ist ein Anteil in uns, der auf äußere Trigger sehr sensibel reagiert. Dieses Kind lässt uns reagieren, und zwar unbewusst.

Diese Reaktionen sind meist überhaupt nicht rational oder erklärbar. Im Nachhinein betrachtet, ist es auch schwer nachzuvollziehen, warum wir so reagiert haben, aber in dem Moment erscheint es als einzige Möglichkeit.

Es ist ein Automatismus, der aufgrund unserer Prägung entstanden ist. Und diese Reaktionen gibt es sowohl für positive als auch für negative Empfindungen.

Sie gründen nicht in einer Entscheidung unseres erwachsenen Ichs, sondern werden ausgelöst durch das Kind in uns, das sich vernachlässigt, ungeliebt und nicht richtig oder aber wertgeschätzt, gestärkt und geliebt fühlt. Sowohl – als auch ...

Möglicherweise bist du dennoch fest davon überzeugt, dass dein Bäuchlein nichts mit deinen Gefühlen oder gar dem inneren Kind zu tun hat, sondern nur mit der Pizza, die du gestern Abend um 22 Uhr noch gegessen hast. Das ist okay. Dennoch möchte ich dich bitten, dich versuchsweise auf diese Gedanken einzulassen.

Ist unsere Ernährung wirklich immer „schuld" an unserem Körper oder könnte dahinter noch etwas anderes stecken?

Ich möchte dir gern drei Beispiele nennen, die dafür sprechen, dass die These, die Ernährung sei das A und O, so nicht aufgeht:

Steve Jobs war Frutarier, der sein Leben lang sehr auf seine Ernährung und Bewegung geachtet hat. Er wurde nur 55 und starb an den Folgen von Bauchspeicheldrüsenkrebs.

Helmut Kohl war erklärter Saumagen-Fan und allgemein ein Liebhaber guter deutscher Küche, er war ein eher übergewichtiger Mensch und wurde stolze 87 Jahre alt.

Helmut Schmidt, lebenslang bekennender Kettenraucher, starb an den Folgen einer arteriellen Verschlusskrankheit, die durch das Rauchen entsteht, einen Monat vor seinem 97. Geburtstag.

Du siehst, es gibt immer Ausnahmen. Es gibt immer ein Sowohl-als-auch ...

Meine Erkenntnis nach gefühlt tausend Ernährungsratgebern und Gesundheitsbüchern: Ich pfeif drauf.

Etwas, was ich schon in der 10. Klasse im Sozialwissenschaftsunterricht gelernt habe, aber immer wieder vergesse: Jede Studie bringt genau das Ergebnis, das sich der, der die Studie bezahlt, auch wünscht.

Du wirst für alles, was du gern glauben möchtest, Belege und Beweise finden. Du wirst für alles, was du gern glauben möchtest, eine Studie finden – sowohl für die physiologischen als auch für die psychologischen Gründe.

Vielleicht ist es an der Zeit, dass wir uns einfach mal das Gesamtbild anschauen, dass wir erkennen, dass es Gedanken und Gefühle gibt, die auch ihren Anteil daran haben, dass die Kilos an einem haften bleiben.

Vielleicht ist es an der Zeit, genau hinzuschauen, welche Reaktionen, welche Automatismen deine Ängste nähren; vielleicht ist es an der Zeit aufzuhören, sich selbst zu kasteien und den Stoffwechsel mit Diäten noch weiter herunterzufahren; vielleicht ist es an der Zeit, doch einmal auf die eigenen Gefühle zu schauen und sich mit dem, was „dahinter" steht, auseinanderzusetzen.

Auch mit dem, was dich dazu bringt, dich selbst so zu kasteien und unbedingt einem gesellschaftlich auferlegten Bild entsprechen zu wollen. Tust du das wirklich für dich und deine Gesundheit oder tust du es, damit du ins Bild passt, damit du nicht auffällst?

Vielleicht fragst du mich an dieser Stelle: „Ellen, wenn du das doch alles so weißt, wieso hast du denn dann überhaupt ein Thema mit dem Gewicht? Es müsste doch bei dir alles in Ordnung sein, schließlich solltest du ja wissen, wie es geht."

Ich jedenfalls habe mir diese Frage sehr häufig gestellt. So lange geisterte dieses Thema durch meine Gedanken, doch ich habe mich nicht getraut, darüber zu sprechen oder gar von Lösungen zu reden. Schließlich habe ich ja nicht das gewünschte Endergebnis erreicht.

Mein Coach stellte mir die Frage: „Ellen, was wäre, wenn du jetzt für immer so bleibst? Wenn du wüsstest, du brauchst nicht weiter darüber zu sprechen, du brauchst nichts mehr tun – dies ist dein Körperbild bis ans Ende deiner Tage?"

Ich brach in Tränen aus. Völlig verzweifelt habe ich sie angeschaut und meinte: „Aber das bin nicht ich."

Sie antwortete mir: „Das ist der Knackpunkt, denn das bist genau du. Doch du kämpfst so gegen dich an. Du kämpfst gegen etwas an, was bereits ist."

Schmeiß die Waage weg

Es gibt etwas, was ich seit dem Gespräch mit meinem Coach gelassen habe: den täglichen Gang auf die Waage.

Diese Zahl hatte so viel Macht über mein Wohlbefinden. Sie hat bestimmt, ob ich mich gut oder schlecht fühle, ob ich glücklich bin oder sauer.

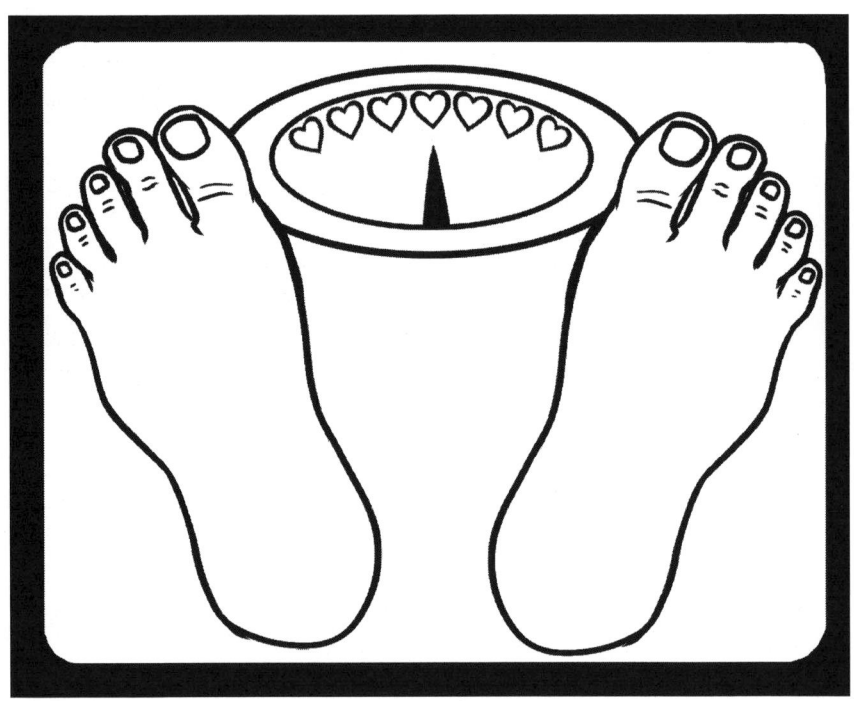

Inzwischen trete ich genau einmal im Jahr auf die Waage. Und zwar kurz vor Weihnachten, bevor wir in Skiurlaub fahren, weil der Typ vom Skiverleih meine Bindung am Ski einstellen muss. Da dies wirklich wichtig ist, bekommt er diese Zahl ganz leise und aus dem Mundwinkel geflüstert – denn ich hüte sie wie ein Staatsgeheimnis. Niemand, außer dieser Typ aus dem Skiverleih, weiß von ihr. Einmal habe ich Skier vorbestellt und die mussten auch mein Gewicht wissen und haben es *aufgeschrieben* ... als ich das sah, war ich so was von fassungslos. Aktenkundig – schwarz auf weiß. Himmel, das passiert mir nie wieder.

Die Waage zu meiden, ist mir am Anfang echt schwergefallen. Schließlich könnte die Zahl ja auch nach unten gehen und das würde mir dann ja ein gutes Gefühl geben. Als ich diesen Gedanken gedacht habe, fühlte ich mich gleich ertappt.

Wenn eine Zahl so eine Macht über mich hat, dann mache ich mein Wohlbefinden ja wieder von etwas abhängig. Und ob ich jetzt ein viertel Pfund zu- oder abgenommen habe, ist ja nun auch nicht so wichtig, oder?

Ich meine, wir haben doch auch so unterschiedliche Kontrollmechanismen, die uns ein Feedback über unseren Gewichtszustand geben. Die Hose, die nicht mehr passt, oder das Oberteil, das an den Armen kneift, sind recht zuverlässige Indikatoren für Gewichtsveränderungen. Also, wenn deine Hose neuerdings völlig schlackert und dir vom Hintern fällt, könnte das ein Zeichen sein, dass du an Gewicht verloren hast.

Gewicht verlieren ... ich merke, dass mir diese Redewendung zunehmend unsympathisch wird. Ich möchte wirklich achtsamer mit dem Wort „verlieren" umgehen.

Auch da danke ich wieder meinem Coach, die meinte: „Ellen, formuliere diesen Satz um. Du bist keine Verliererin, du bist eine Gewinnerin. Wie willst du denn dann verlieren?"

Meine Damen, hier ist niemand eine Verliererin. Wir sind alle Gewinnerinnen und das ist auch genau richtig so. Also wie kommen wir nun aus dieser prekären Lage heraus?

Ich ersetze für mich das Wort ‚verlieren‘. Ich möchte gern loslassen. Alles, was mir und meinem Sein nicht mehr dienlich ist, lasse ich los.

Doch nicht auf diese erzwungene Ego-Art-und-Weise nach dem Motto: „Ich möchte jetzt und sofort gertenschlank sein." Das habe ich lange Zeit getan und manifestiert, was das Zeug hält, aber da war so viel Druck und Anstrengung. Nein, so möchte ich das nicht mehr.

Ich komme mit dem Loslassen viel besser zurecht, doch auch da möchte ich sanft und liebevoll mit mir umgehen.

Deshalb habe ich inspiriert von dem Buch „Unverschämt Optimistisch" von Tosha Silver[9] eine „God-Box" ins Leben gerufen. Du kannst sie auch gern Universumsbox nennen – wie du möchtest. In diese Box kommen meine Wünsche und Manifestationen, und zwar mit diesen Worten:

> „Wenn es mir und dem Universum dienlich ist, möchte ich gern mein Übergewicht loslassen."
> „Wenn es mir und dem Universum dienlich ist, möchte ich ...""

Diese Zettel lege ich in meine God-Box und gebe den Wunsch vertrauensvoll ab. Das Universum wird entweder dafür sorgen, dass es passiert, oder aber es ist mir nicht dienlich. So einfach ist das. Jedenfalls für mich.

Die Waage war mir nicht dienlich. Ebenso das Suchen nach dem Verantwortlichen für diese Situation. Im Grunde genommen habe ich sie ja selbst herbeigeführt. Du erinnerst dich?

---

[9] Tosha Silver, Unverschämt optimistisch. Warum wir grenzenlos vertrauen dürfen, München 2016.

Wir sind das Ergebnis unserer täglichen Gedanken. Also darf ich mich fragen, welche Gedanken habe ich denn da?

Wie du dich und andere befreist

Und dann kommt der wohl schwierigste Teil: sich anzunehmen und zu verzeihen. Ich habe damit lange gehadert, sonst wäre dieses Buch auch schon viel eher erschienen. ;-)

Es gibt einen Segensspruch zur Vergebung und zur Befreiung (vermutlich aus dem 7. Jahrhundert, geschrieben in Mexiko), den ich hier gern mit dir teilen möchte:

> „Ich befreie meine Eltern von dem Gefühl, dass sie mit mir versagt haben.
>
> Ich befreie meine Kinder von der Notwendigkeit, mich stolz machen zu müssen. Mögen sie ihre eigenen Wege nach Herzenslust gehen. Mögen sie ihren Instinkten folgen und so ihre Träume verwirklichen.
>
> Ich entbinde meinen Partner von der Verpflichtung, mich zu vervollständigen. Mir fehlt nichts, ich lerne die ganze Zeit mit allen Wesen.
>
> Ich danke meinen Großeltern und Vorfahren, die zusammengekommen sind, damit ich heute das Leben atmen kann.
>
> Ich befreie sie von früheren Versagen und unvollendeten Wünschen, wissend, dass sie ihr Bestes getan haben, um ihre Lebensumstände in bester Art und Weise zu tragen, wie es ihnen möglich war.
>
> Ich ehre sie, ich liebe sie und erkenne sie als frei von aller Schuld an.
>
> Ich ziehe meine Seele vor ihren Augen aus, deshalb wissen sie, dass ich nichts mehr verstecke oder schulde, als mir selbst und

meiner eigenen Existenz treu zu sein, indem ich der Weisheit meines Herzens folge.

Ich erfülle meinen Lebensplan frei von familiärer Loyalität.

Ich weiß, dass mein Friede und mein Glück in meiner eigenen Verantwortung liegen.

Ich verzichte auf die Rolle des Retters, derjenige zu sein, der die Erwartungen anderer vereint oder erfüllt.

Indem ich durch und nur durch Liebe lerne, ehre ich meine Essenz und segne mein Wesen und meine Ausdrucksweise, auch, wenn man mich vielleicht nicht versteht.

Ich verstehe mich, weil ich nur meine Geschichte gelebt und erlebt habe. Weil ich mich selbst kenne, weiß ich, wer ich bin, was ich fühle, was ich tue und warum ich es tue.
Ich ehre mich, ich liebe mich und erkenne mich frei von Schuld an.
Ich ehre dich, ich liebe dich und erkenne dich frei von Schuld an.
Ich ehre die Göttlichkeit in mir und in dir.
Wir sind frei."

Finde deinen Frieden: mit dir, mit deinem Körper, mit deiner Geschichte.
Sei jetzt die Frau, die du sein willst, und akzeptiere auch den Wunsch, dass du trotzdem gern die Kilos weniger hättest. Du gibst dich nicht auf, wenn du dich anerkennst.
Diesen Segensspruch, der mich persönlich sehr berührt, habe ich mir als Sprachnachricht aufgesprochen und immer mal wieder angehört. So, wie ich es gerade brauchte. Vielleicht hilft er dir, genauso wie er mir geholfen hat.
Und wirf deine Waage aus dem Fenster. (Achte aber darauf, dass niemand unter dem Fenster steht!)

Kapitel 9

Widerstände und Türöffner

Sei du selbst die Veränderung,
die du dir von der Welt wünschst.

– Mahatma Gandhi

„Ellen, bei mir kann so etwas nicht funktionieren. Du musst mir das noch genauer und noch tiefgreifender erklären," meinte eine Coaching-Kundin, die zu mir kam, weil sie endlich mehr Selbstbewusstsein haben wollte. Sie wollte sich nicht mehr aufgrund ihres Körpers kleinmachen und schlecht fühlen.

In unseren Coachings habe ich ihr viel vom Gesetz der Anziehung, den Karmischen Gesetzen und auch der Resonanz erzählt. Wieso es so wichtig ist, die eigenen Gedanken und Gefühle wahrzunehmen und aus dem unbewussten Verhalten herauszukommen.

Doch die Umsetzung fiel ihr so schwer. Es war, als stimmte ihr Herz mir fleißig zu, aber ihr Kopf wäre entschieden dagegen.

Sie wollte immer wieder Beweise für meine Aussagen, sie wollte, wenn eine Übung ihr schwerfiel, dass ich direkt etwas Neues aus dem Hut zauberte.

Das Ja-aber-Prinzip

Doch ehrlich? Ich bin keine Zauberin und auch nicht dafür verantwortlich, immer wieder Neues aus dem Hut oder Ärmel zu schütteln. Vielleicht geht es dir an dieser Stelle ähnlich und du denkst: „Das ist ja ganz nett, Ellen, was du da so erzählst, aber ..." Und es folgen viele Gründe und Beweise, warum ich mit meinen Theorien und Vorstellungen einfach nicht Recht haben kann.

Auch das passiert im Coaching häufig. Wir sind darauf programmiert, zu zweifeln, Fragen zu stellen und nicht immer so leichtfertig zu glauben. Das ist auch super. Ich liebe kontroverse Diskussionen und einen offenen Meinungsaustausch.

Doch das hier ist etwas anderes. Das hier bedeutet, „recht haben zu wollen".

Dahinter steht ein altbekanntes Muster: Bis zum Alter von sechs, sieben Jahren wird unsere Denkweise, unsere Wahrnehmung, sehr stark von unserem nahen Umfeld geformt. Ungefiltert und ohne zu wissen, ob es wahr ist oder nicht, nehmen wir die Meinungen, Wahrheiten und Informationen aus unserem Umfeld auf und halten sie für wahr.

Das hat zur Folge, dass unser mächtiges Unterbewusstsein später genau weiß, wo es lang geht. Ob das nun richtig ist oder nicht, ob das wahr ist oder nicht, das spielt erst mal keine Rolle.

Dieses Denken macht es einem nicht immer leicht.

Denn wenn dann andere Wahrheiten, Ideen und Theorien zu einem kommen, sortiert das Unterbewusstsein wie ein nicht überwindbarer Türsteher ganz schnell aus, was hineinkommt und was nicht.

Und genauso verhält es sich mit dem, was du jetzt liest oder vielleicht auch so schon mal gehört hast. Es ist vielleicht so was von überhaupt nicht konform mit deinem Denken, dass es keine Chance hat, am Türsteher vorbeizukommen. Aus die Maus.

Doch dein Bewusstsein, das möchte so gern weiterlernen. Das hält manche Aussagen für sehr plausibel und im Grunde genommen weiß es auch, dass es gar nicht so verkehrt ist.

ABER ...

Da haben wir es wieder ... dein Unterbewusstsein schafft sehr schnell Gegenbeweise.

An dieser Stelle möchte ich dir sagen: Du musst mir nicht glauben. Es ist okay, wenn du sagst, dass du damit nichts anfangen kannst. Positives Körperbild oder gar Selbstliebe – das ist einfach nichts für dich? Okay.

Doch nach welchen Lösungen suchst du denn? Die „Schlank über Nacht"-Methode? Die Superdiät, nach der du nie wieder eine andere Methode ausprobieren möchtest?

Weil dann alles tipptopp ist? Weil du dann den perfekten Körper hast, der sich sehen lassen kann?

Es gibt so viele Coaches, Trainerinnen und Berater, die dich unterstützen, mehr Sport zu machen und auf deine Ernährung zu achten.

Doch wie erfolgreich sind diese Menschen? Hast du, wenn du ihnen glauben möchtest, schon mal nach einem Teilnehmer ca. drei Jahre später gefragt? Wie es dann so aussieht?

In vielen Fällen ist es so, dass es immer nur eine ganz kurzfristige Motivation ist und viele nach kurzer Zeit auch wieder in alte Gewohnheiten und Muster zurückfallen, sodass auch da recht bald kommt: „Bei mir funktioniert das einfach nicht."

Wenn ich so was in meinen Coachings oder auch nach dem letzten veröffentlichend Buch höre, spitze ich die Ohren. Dann gehen meine Klientinnen in die Position, dass sie von mir gern „Beweise" möchten, dass sie hören wollen, was sie anders oder besser machen können.

Oder besser gesagt, was ich anders oder besser machen kann, damit das für sie endlich klargeht.

Früher habe ich das tatsächlich versucht. Doch je mehr ich mich angestrengt habe, desto stärker wurde diese Ja-aber-Haltung.

Deshalb frage ich heute nur noch: „Woher weißt du das? Wie kommst du darauf?"

Glaube mir, ich kann das Rad nicht neu erfinden. Ehrlicherweise habe ich das auch gar nicht vor. Ich möchte nur einladen, umzudenken – für dein Wohl, für unser Wohl.

Wir lernen so frühzeitig Wahrheiten, ob jetzt gewollt oder ungewollt, lassen wir mal so stehen. Wir lernen Glaubenssätze und denken uns unsere Realität so, wie es zu unserem Denken auch passt. – Der Türsteher sagt genau, wer ins Gehirn darf und wer nicht.

Doch wohin hat dich dieses Denken gebracht? Ist es dir wirklich dienlich?

Tut es gerade etwas Gutes für dich?

Ich bin eine große Freundin von Affirmationen. Das sind kleine Sätze, die wir uns selbst vorsagen – wie selbsterfüllende Prophezeiungen; immer in der Gegenwart und immer im Positiven.

Beispielsweise ist eine Affirmation von mir: Ich bin genug. Ich bin eine schlanke und sportliche Frau.

Diese Affirmationen habe ich früher hoch und runter gebetet. Ich wollte mein Denken ändern, und zwar sofort. Und bitte, ich wollte auch *sofort* das Ergebnis. Und wenn das nach kurzer Zeit nicht funktioniert hat, hat mein Ego geschrien: „Siehst du, so einfach ist das nicht. Das klappt so eh nicht."

Was hat dein Ego davon, wenn es nicht funktioniert?

In dem Moment, als mein Ego geschrien hat, dass das nicht funktioniert, war ich raus. Der Zweifel hat gewonnen und ich habe weitergesucht, nach einer weiteren Methode, endlich die Frau zu sein, die ich so gern sein wollte. Ja, auch rank und schlank.

Wie oft ich aus meinem Umfeld gehört habe: „Das geht ja auch so nicht. „Was denkst du dir denn? Wenn das so einfach wäre ..."

Ehrlicherweise habe ich lange Zeit geglaubt, dass mein Denken vielleicht etwas naiv oder verrückt sei, dass ich nicht nur durch das Sagen der Affirmationen zu der Frau werde, die ich sein will.

Ich bin überhaupt nicht auf die Idee gekommen, das Denken der anderen infrage zu stellen. Doch natürlich funktioniert das Denken der anderen auch so. Sie haben doch auch ihre Prägungen und Erfahrungen gemacht und auch ihr Gehirn hat einen Türsteher und lässt Unbekanntes nicht herein.

Nach einiger Zeit mit Affirmationen kann ich dir sagen: Sie funktionieren.

Ich nutze sie als gute Reminder, wenn mein Zweifel und mein Ego mir wieder dazwischen grätschen, oder auch als Antrieb. Das ist auch noch superwichtig: Meine Affirmationen unterstützen mich dabei, in die richtige Umsetzung zu kommen.

Dann wird es auf einmal viel leichter.

Wenn gewisse Übungen für dich gar nicht funktionieren, wenn du immer wieder zweifelst und dir eine Bestätigung wünschst, dann frage dich einmal, was dein Ego davon hat, dass es nicht funktioniert.

Ja, du hast richtig gelesen. Was hat dein Ego davon, wenn es nicht funktioniert? Richtig – es behält Recht. Bei vielen Menschen ist das Ego sehr groß und dieses Recht-haben-Wollen gibt ihnen etwas. Es ist eine Art Selbstbestätigung, so traurig sie auch sein mag.

Ich gebe gerne zu, dass es für mich auch lange Zeit eine Art Bestätigung war, dass das bei mir ja so alles nicht funktionieren kann. Doch dann änderte eine Frage meinen Blickwinkel. Diese Frage lautet: Wieso funktioniert das denn bei anderen?

Und nein, ich meine auf gar keinen Fall, dass du dich mit anderen vergleichen sollst, sondern dass du dir eine andere Basis verschaffst.

Dein Denken, dein Handeln und dein Tun werden beeinflusst von dem Denken und Handeln der Menschen, mit denen du dich umgibst. Hast du also lauter Skeptiker*innen in deinem Umfeld, könnte es schwer werden, neue Erkenntnisse und Informationen zuzulassen. Wenn du aber mit innovativen Menschen zusammen bist, die gerne Neues ausprobieren und sich auf etwas einlassen können, könnte das ein Erfolgsindikator für dein Denken sein.

Das heißt natürlich nicht, dass du jetzt deine Familie, deine Freunde oder deinen Partner verlassen musst, nur weil diese vielleicht skeptisch gegenüber Neuem sind. Ich möchte dir nur eine weitere Tür öffnen. Die Türe zu deiner Möglichkeit, deine Welt neu zu erschaffen.

Du hast alles, was du dafür brauchst, und du kannst alles haben, was du dir wünscht.

Wie ich das mit meiner Figur und meinem Denken mache?

Mittlerweile ganz easy: Ich suche mir Menschen, die ähnlich denken wie ich und die vielleicht schon da sind, wohin ich will, die mit ihren Erfahrungen davon berichten, was ich noch nicht geschafft habe.

Was ich aber sehr wohl geschafft habe, ist, meinen Affirmationen zu glauben.

Ich weiß heute, dass ich genug bin. Ich weiß heute, dass ich strahlen darf, dass es dafür keine Kilo-Begrenzung gibt, dass ich mich trotz Röllchen sexy und unwiderstehlich fühlen darf.

Und genau das strahle ich aus – weil ich es fühle.

Wenn mir Skeptiker begegnen, dann stelle ich meinen Türsteher bewusst vor meinen Kopf. Ich gebe ihm den Auftrag, nichts davon in meinen Kopf zu lassen, um mich davon nicht beeinflussen zu lassen.

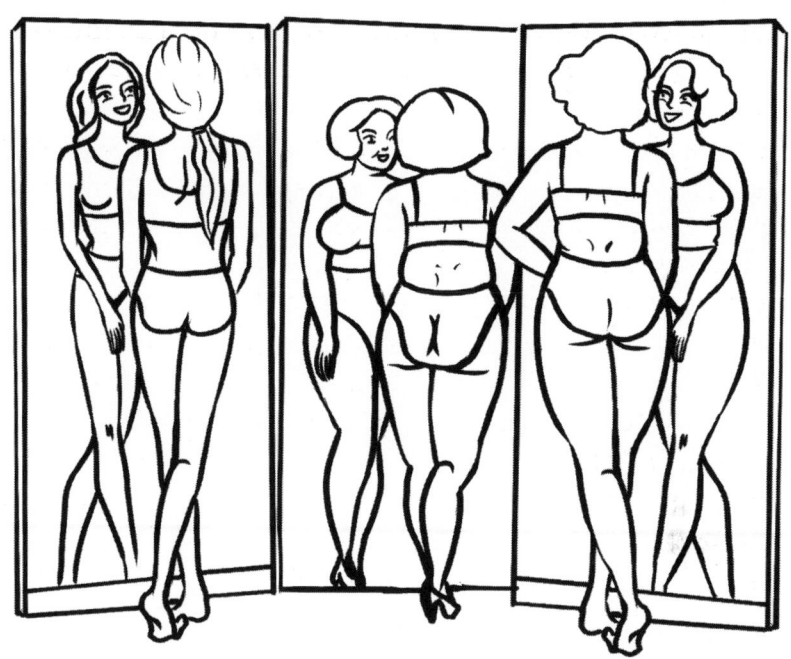

Ja, ich war auch so eine Rechthaber-Tante. Und habe immer wieder Beweise und Gegenbeweise für Aussagen gesucht. Alter, das war so anstrengend. Heute siebe ich bewusst aus und das ist wieder ein Schritt zu viel mehr Leichtigkeit.

Ich möchte dir noch kurz erzählen, was aus meiner Coaching-Kundin geworden ist. Selbstredend habe ich es noch mal erklärt, andere Worte gefunden. Doch auch das hat der Kundin nicht geholfen, wirklich ins Umsetzen zu kommen.

Sie wollte das Coaching, weil sie gedacht hatte, ich bringe ihre Welt in Ordnung. Doch so funktioniert das nicht. Ich habe kein Zauberpulver, was ich über meine Kundinnen sprühe und sofort sind sie andere Menschen. Manchmal, und das ist auch okay, ist der Zweifel und die Angst zu groß. Manchmal ist der bestehende Schmerz nicht groß genug, um sich wirklich auf Neues einzulassen. Früher hätte ich das sehr persönlich genommen und gedacht, ich hätte versagt.

Heute weiß ich, dass ich nicht jeden retten kann und ehrlicherweise auch gar nicht möchte.

Für jede Veränderung braucht es eine gewisse Bereitschaft, neue Dinge zu tun. Denn wenn wir beim Alten bleiben würden, würden wir keine neuen Ergebnisse erzielen.

Diese Bereitschaft kann nur von jedem selbst ausgehen. Anders zu denken, Neues zu tun und sich auf eine Reise einzulassen, sind meiner Meinung nach Grundvoraussetzungen.

Wenn du gern dein Leben verändern möchtest, weil du vielleicht auch mit deinem Körper unzufrieden bist, was meinst du, wer hat dazu die Möglichkeit? Eben – nur du.

Es geht um deine Wahrnehmung, um deine Selbstannahme und auch Selbsteinschätzung. Wahre Schönheit, so wissen wir doch spätestens seit Else Klings Buttermilch-Werbung, kommt von innen.

Es geht um deine Sicht der Dinge

In einer der vielen Ausbildungen, die ich absolviert habe, haben die Schüler*innen sich gegenseitig als Proband*innen genutzt, um das Erlernte unter Aufsicht zu üben.

Wir haben also ein persönliches Problem oder eine Eigenschaft genutzt, von der wir uns gern lösen wollten. Ich war mit meiner Freundin Sabine in einem Team. Wir haben uns abgewechselt – einmal war sie Coachee, einmal ich.

Einige standen vor der Herausforderung, welches Problem sie denn ansprechen sollen ... aus mir schoss es wie eine Pistolenkugel: mein Gewicht.

Es sind nicht unbedingt einfache Prozesse und der Schmerz in mir saß tief. Ich saß wie ein Häufchen Elend auf meinem Stuhl und Sabine hat mich wunderbar durch den Prozess geführt. Der

Abschluss unserer Übung war, dass wir beide vor den Spiegel gegangen sind.

Ich schaute mich an und fühlte mich nicht wirklich gut, doch ich versprach mir voller Zuversicht, das zu ändern und mich anzuerkennen.

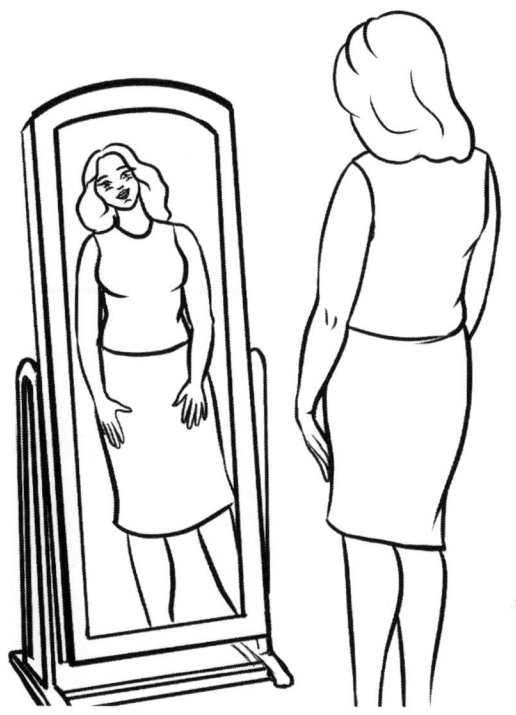

Und Sabine schaute mich an und meinte: „Ellen, du bist eine bildhübsche Frau. Du hast diesen Kummer überhaupt nicht nötig – weil du einfach großartig aussiehst und bist."

Ich war Sabine sehr dankbar für ihre Worte, aber ich konnte sie einfach nicht fühlen.

Kennst du das auch, das andere dir sagen, du seist ja schön und toll, aber es fühlt sich einfach nicht echt an? Nicht die Worte deines Gegenübers sind nicht echt, sondern dein Gefühl sagt einfach etwas ganz anderes?

Diese Situation mit Sabine vor dem Spiegel, die hat viel mit mir gemacht. Nicht in dem Moment, aber manchmal sind Situationen wie ein guter Wein: Er muss erst etwas reifen und im Nachgang entfaltet er sein volles Aroma.

Ganz oft stand ich danach vor dem Spiegel, sah mich prüfend an und dachte: Sabine findet, ich bin total schön. Wieso Sabine und nicht die anderen Personen, kann ich dir echt nicht sagen. Auch Markus hat nie etwas anderes gesagt, aber dazu komme ich später.

Irgendwann ist etwas passiert, was ich wirklich magisch fand: Ich begann zu glauben.

Je öfter ich mir diese Worte gesagt habe, je öfter ich diese Worte habe nachklingen lassen, desto tiefer haben sie sich in mir verwurzelt. Ich habe sie zu meiner neuen Realität gemacht und sie nicht nur gesagt, sondern auch gefühlt.

Das hat ganz viel geändert, nicht auf der Waage, aber dennoch an meinem Aussehen.

Mit dem Gedanken, dass ich wirklich toll aussehe, habe ich mich anders gekleidet. Mehr Sachen getragen, die ich mich davor nicht getraut hätte. Ich hatte gern Walla-Walla-Sachen an, doch die trage ich nicht mehr. Es sind viel mehr Kleider in meinen Schrank gewandert, farbenfrohe Oberteile. Was aber für mich das Schönste ist: Ich traue mich endlich, die zu sein, die ich bin. Ich muss mich nicht mehr verstecken oder gar kleinmachen.

Ja, ich kann die Liebe meines Lebens sein.

Vor einiger Zeit waren Markus und ich zu einem Gala-Charity-Dinner eingeladen. Der Dresscode war Abendgarderobe.

Ich hatte noch ein tolles Kleid, das ich erst einmal getragen hatte, aber irgendwie wollte ich auch etwas Neues. Da ich ja bekanntlich nicht gern shoppen gehe, hat der Postbote (der mich immer noch mag) zwölf Abendkleider gebracht.

Die Anprobe war ein Graus ... ich war dem Himmel so dankbar, dass ich mich dabei in meinen eigenen vier Wänden befand.

Es waren wundervolle Kleider. Aber ganz viele gingen einfach nicht zu. Ich schaute entgeistert auf die Größe und fragte mich, ob ich mich vertan hatte. Nein ... die Zahlen auf dem Zettel waren korrekt, aber da hatten sich die Näherinnen sicher etwas vertan, denn am Reißverschluss fehlten ein paar Zentimeter.

Von vorn sah ich toll aus. Hinten war es halt nicht zu, aber fällt das wirklich auf? Nein, Quatsch.

Meine Tochter hat mir bei der Anprobe geholfen. Sie gab wirklich alles, um diesen Reißverschluss zu schließen. Doch ich merkte am Ruckeln und Zerren, dass es nicht ging.

„Hey, wenn es nicht zugeht, ist es okay."

„Oh, Mama, das tut mir so leid, aber es ist wirklich zu eng."

„Mein Schatz, das muss dir nicht leid tun. Es ist okay. Und das meine ich wirklich so, wie ich es sage."

„Ja, aber ich weiß, dass du dir das so wünschst."

„Das stimmt, aber du bist nicht dafür verantwortlich, dass dieser Wunsch sich gerade jetzt nicht erfüllt. Ich ziehe mal das Kleid vom letzten Jahr an."

Ich wollte auf keinen Fall, dass sich meine Tochter schlecht fühlt, weil sie mir sagen muss, dass der Reißverschluss nicht zugeht. Ich wollte auf gar keinen Fall, dass meine Tochter mir nicht die Wahrheit sagen kann. Sie kennt meine Geschichte, sie kennt meine Wünsche. Aber – es ist meine Geschichte und sie braucht nicht für mich mitzuleiden. Das ist überhaupt nicht ihre Aufgabe.

Ich zog mein schon vorhandenes Kleid an. Es ist traumhaft schön und passt perfekt. Ich drehte mich vor dem Spiegel und fand mich wundervoll. Wir haben uns beide angeschaut und sie fragte: „Warum genau wolltest du unbedingt ein neues Kleid? Das ist doch großartig."

Ich konnte ihr nicht sagen, was mein Ego sich da gedacht hat. Manchmal gaukelt auch mir mein Ego noch was vor. In dem Kleid fühle ich mich wohl – noch mehr sogar: Ich fühle mich darin wunderbar.

Die zwölf Abendkleider hatten dennoch einen wunderbaren Lerneffekt.

Es gab Zeiten, in denen mich diese Anprobe weit heruntergezogen hätte und ich mich mies, fett und hässlich gefühlt hätte. Das ist noch gar nicht so lange her. Meine Traurigkeit hätte auch andere in meinem Umfeld mit heruntergezogen. Es hätten sich Menschen verantwortlich gefühlt, die überhaupt nichts dafür können. Gerade Kinder fühlen sich sehr oft für die Gefühle der Eltern verantwortlich. Doch die Einzige, die für ihre Gefühle und ihre Ausstrahlung verantwortlich ist, bin in dem Fall ich.

Es war meine Sicht der Dinge, die es mir leicht gemacht hat, die Kleider wieder einzupacken.

Zum allerersten Mal hat es mich nicht frustriert.

Die Vorsicht meiner Tochter fand ich hervorragend. Sie hat mich daran erinnert, dass es keinen Grund gibt, sich schlecht oder mies zu fühlen. Auf Plan B zurückzugreifen, hat sich als gut herausgestellt. Und Plan B ist keinesfalls der schlechtere Weg. Es war für mich sehr gut, überhaupt einen Plan B zu haben.

An dem Abend saßen wir in der Küche und ich sagte zu Markus: „Du kannst dich entspannen."

„Wieso sollte ich mich entspannen und wieso denkst du, ich wäre unentspannt?"

„Ich schicke alle Kleider wieder zurück und ziehe das vom letzten Jahr an."

„Hmm. Ich habe eh nicht verstanden, warum du das gar nicht in Betracht gezogen hast. Das Kleid steht dir so gut und du hast großartig ausgesehen."

„Ja, weiß ich auch nicht. Vielleicht wollte ich etwas Anderes, Frecheres … was weiß ich."

„Hmm – und wieso ist es das nicht geworden?"

„Sie waren zu eng. Ich habe den Reißverschluss gar nicht zubekommen."

Ein verschmitztes Grinsen …

„Könntest du den Satz bitte ändern? *Heute* waren sie noch zu eng, doch die Größe eines Kleides sagt nichts über dich aus."

Tja, so ist das, wenn sich die Frau seit mehreren Jahren mit dem Thema Persönlichkeitsentwicklung beschäftigt und der Mann die Frau auch im Business unterstützt. Das hat ungeahnte Folgen.

Nämlich, dass das Abtauchen in mein persönliches Drama gar nicht möglich ist.

Walk your Talk. So einfach ist das.

Und, es ist sehr hilfreich, jemanden an meiner Seite zu haben, der mich daran erinnert, wenn ich es mal vergesse.

Übung:

Überlege mal: Was für ein Typ bist du? Bist du eine Macherin? Bist du jemand, die ein Problem in die Hand nimmt und nach Lösungen sucht? Oder überlegst du eher, was alles nicht geht, was alles noch nicht perfekt ist?

Das meine ich völlig wertfrei. Schau einfach nur, was dein Ego dir gern erzählt.

Sind neue gedankliche Ansätze eher schwierig? Weil du sehr schnell denkst, das würde doch eh nicht funktionieren?

Schnapp dir jetzt einen Block und einen Stift und schreibe dir Strategien auf, auf die du zurückgreifen kannst, wenn das wieder passiert. Wenn du merkst, es zieht dich gerade runter und du gibst deinem Körper und vielleicht der nicht passenden Kleidung zu viel Bedeutung.

Schreibe dir mit einem tollen Lebensgefühl auf, was dir hilft, da herauszukommen. Ich bin ein großer Fan dieser Listen und kann, falls mein Mann mal nicht da ist, um mich zu reflektieren, einfach darauf schauen und etwas tun, was mich glücklich macht.

Das verändert meinen Blickwinkel und hilft mir, das persönliche Drama zu beenden.

Kapitel 10

Reif für die Insel

Nicht, weil es schwer ist, wagen wir es nicht.
Sondern weil wir es nicht wagen, ist es schwer.

– Lucius Annaeus Seneca

Woran liegt es nun, dass wir uns so oft unwohl fühlen und mit unserem Körper unzufrieden sind? Sind es einzig und allein die Suggestionen, die von außen kommen? Ist es der gesellschaftliche Druck, möglichst perfekt zu sein?

In meiner Wahrnehmung tun wir eine ganze Menge dafür, um diesen Erwartungen zu entsprechen. Ganze Industrien haben sich aus diesem Druck entwickelt. Unser Streben nach Schönheit ist, rein wirtschaftlich gesehen, ein riesiger Markt mit wahnsinnig viel Potenzial. Was sind wir nicht alles bereit zu tun, damit wir nicht nur unserem, sondern auch dem gesellschaftlichen Ideal entsprechen?

Warum Shapewear auf einer einsamen Insel überflüssig ist

Was tut frau, wenn sie überraschend zu einem feierlichen Anlass eingeladen wird? Das passende Kleid hängt im Schrank, doch es hat nachts Besuch von kleinen Kalorien bekommen, die es enger genäht haben. (Das kommt im Übrigen überraschend oft vor, das sollte man auf keinen Fall nur auf Kleider beschränken.) Jedenfalls sitzt das Kleid etwas anders als beim letzten Fest. Es ähnelt eher der Pelle einer Wurst – quasi eine zweite Haut. Oder – auch den Fall kenne ich – was tun wir, wenn das Kleid nicht mehr sitzt, weil aufgrund des großen Gewichtsverlusts die Oberweite dahin ist und frau findet, sie sieht aus wie ein zehnjähriger Junge?

Eine Lösungsmöglichkeit für das Problem Wurstpelle ist: körperformende Unterwäsche. Fangen wir mal mit der „Bauch-weg-Hose" an. Mit schöner Unterwäsche hat sie nichts gemeinsam. Ich weiß auch gar nicht, warum man solche Unterwäsche grundsätzlich in Hautfarbe produzieren muss. Manchmal findet sich auch ein schwarzes Teilchen dazwischen, aber meistens sind diese Dinger beige.

Ich habe das erste Mal einen „Bauch-weg-Body" gekauft, da war ich gerade 20 Jahre alt.

Ich dachte tatsächlich, dass es nötig sei, und ehrlich gesagt, fühlte ich mich damit sehr viel sicherer. Ich konnte zwar nicht mehr so tief atmen – das wird eh völlig überbewertet –, doch hatte ich das Gefühl, meine Figur wäre ebener. Die Beschreibung hinkt etwas: also einfach mit weniger Auswülstungen ... ich hoffe, ihr versteht mich.

Für dieses Gefühl war ich bereit, einiges in Kauf zu nehmen. Die eingeschränkte Atmung zum Beispiel. Aber auch sehr eingeschnittene Leisten. Ob es an meinem langen Oberkörper lag oder mir der Body einfach zu klein verkauft wurde – keine Ahnung. Jedenfalls fühlte es sich wirklich unangenehm an.

Und die Krönung war das Auf-die-Toilette-Gehen, besonders mit stetig steigendem Alkoholpegel. Ein recht schwieriges Unterfangen.

Selbst auf privaten Events, die nichts mit Schickmachen zu tun hatten, trug ich diese blöde Unterwäsche. Und das, obwohl es für mich immer irgendwie demütigend war, diese Hosen oder den Body anzuziehen. Das entsprach nicht wirklich meiner Vorstellung, wie ich „drunter" aussehen wollte.

Meine größte Sorge war, dass mein T-Shirt oder die Bluse verrutscht und das, was ich drunter trage, zu sehen ist. Super Sache: Ich schämte mich nicht mehr nur für mein Äußeres, sondern auch noch für das, was mein Äußeres verpackte.

Ich finde, Renée Zellweger hat dieses Dilemma in „Bridget Jones – Schokolade zum Frühstück" super rübergebracht, als sie darüber nachdenkt, ob sie zum Date lieber sexy Unterwäsche oder doch den „Bauch-Weg-Liebestöter" anziehen soll.

Auf der Hochzeit einer Freundin trug eine gemeinsame Bekannte ein recht eng anliegendes Kleid. Meine Oma hätte es mit „Mutig!" kommentiert. Nach dem Essen kam sie zu mir, um sich mit mir zu unterhalten, und ich wunderte mich darüber, dass ihr Kleid nun anders saß. Es war am Hintern hochgerutscht und am Bauch deutlich ausgebeult. Ob das am Essen lag? Während wir uns unterhielten sagte sie lachend, dass sie nach dem Essen die Bauch-weg-Hose ausgezogen hatte, weil die so unangenehm war.

Das war, um es mal vorsichtig zu formulieren, nicht die beste Entscheidung. Das Kleid war nämlich absolut zu eng. Es schob sich hoch, spannte und sie wirkte wie die viel zitierte Wurst in Pelle.

Ich fragte irritiert, warum sie das Kleid überhaupt angezogen habe, wenn es nur mit dieser besagten Unterwäsche passte. Sie meinte: „Ich habe das Kleid schon so lange. Ich habe das gekauft, obwohl klar war, dass ich mich erst hineinhungern muss. Jetzt wollte ich nicht mehr länger warten und dachte, ach, das soll wohl gehen."

Klar, kann man machen. Schließlich sollten wir tragen können, worin wir uns wohlfühlen.

Doch da liegt der Hase im Pfeffer. Diese Frau fühlte sich nicht wohl. Woran mache ich das fest?

Sie zuppelte ständig an sich herum. Sie schob das Kleid wieder runter, richtete den Ausschnitt, sie stand nicht gerade, sondern mit dem Blick nach unten und ihr Lächeln wirkte aufgesetzt und gezwungen. Das ist natürlich reine Spekulation. Aber ich glaube, so viel Menschenkenntnis zu besitzen, dass ich das richtig interpretiert habe.

Das tat mir so leid. Meine Bekannte ist eine wunderschöne Frau. Sie hat eine sehr weibliche Figur. Ich bin mir sicher, es hätte wunderbare Kleider gegeben, bei denen erstens diese Unterwäsche gar nicht nötig gewesen wäre und in denen sie sich zweitens viel wohler gefühlt hätte.

Warum erzähle ich das? Weil ich diese Frau hätte sein können. Du auch?

Mir Kleidung zu kaufen, die nicht wirklich passt – wie oft ist mir das passiert. Dann den Gedanken zu haben, etwas kaschieren zu wollen, dann würde das schon gehen ... na ja, und dann festzustellen, dass diese unbequeme Unterwäsche einen in der Bewegungsfreiheit völlig einschränkt.

Anstatt das zu tragen, worin wir uns wohlfühlen und was gut passt, entscheiden wir uns für etwas, was nur in unserem Kopf gut aussieht. Weil wir gern anders wären?

Wir denken, dass wir uns so kleiden müssten. Wir denken, dass wir uns so stylen müssten. Wir denken, dass wir einem bestimmten äußeren Bild entsprechen müssen. Diese Gedanken beschreiben auch meinen inneren Kampf.

Mir haben folgende Fragen meiner Mentorin geholfen:
„Was würdest du tun, wenn du auf einer einsamen Insel wärst? Wenn es keine anderen Menschen gäbe, die dich beurteilen? Wenn es niemanden gäbe, dem du gefallen müsstet?"

Würde ich diese Unterwäsche tragen, wenn ich auf einer einsamen Insel wäre? Hahahaha. Nein. Ganz klar.
Würde ich mich in unvorteilhafte Kleidung werfen? Auch ein klares Nein.

Würden mich meine wund gelaufenen Oberschenkel stören? Ja.

Würde ich mich so anziehen, dass ich mir gefalle und ich mich wohlfühle? Ja.

Würde ich gern Kondition haben, damit ich nicht so schnell aus der Puste bin? Ja.

Diese Fragen machen für mich vieles einfacher. Sie signalisieren mir, wenn ich anfange, Dinge zu tun, bei denen es um meine Bewertung geht, wenn ich gefallen möchte oder Angst vor Ablehnung habe.

Ich persönlich finde, wir dürfen alle viel mehr leben, als wären wir auf einer einsamen Insel. Frei von Bewertungen, frei von Ablehnung.

Frei – genau das sind wir. Auch wenn wir es oft vergessen. Wir kleiden und stylen uns, weil uns die Meinungen im Außen sehr wichtig sind. Dadurch tun wir Dinge, die unsere inneren Werte überhaupt nicht widerspiegeln. Wir werden also zu wandelnden Fakes.

Über Kleidung, die mich (nicht) glücklich macht

Vor gar nicht allzu langer Zeit hatte ich eine große Menge an Business-Kleidern, Hosenanzügen und Blusen in meinem Kleiderschrank. Ich habe gelesen, dass entsprechende Kleider unserem Gegenüber eine wesentlich größere Professionalität vermitteln. Also habe ich mich gekleidet, wie Business-Frauen in meinen Gedanken das tun und wie es mir auch gesagt wurde. Doch ich hatte oftmals das Gefühl, dass ich mich nicht *ge*kleidet, sondern *ver*kleidet habe. Sobald ich wieder zu Hause war, zog ich etwas anderes an; nicht nur wegen der Bequemlichkeit, ich bin gar kein Fan von Jogginganzügen, nein, sondern weil ich mich nicht wohlgefühlt habe. Bleibt die Frage: Wie kann ich denn meinem Gegenüber Souveränität vermitteln, wenn es sich bei mir innerlich gar nicht so anfühlt?

In den letzten Jahren habe ich viel an mir und meiner Persönlichkeit gearbeitet. Für mich ist das ein natürlicher Prozess, dem leider in unserer Gesellschaft viel zu wenig Beachtung geschenkt wird. Diese Arbeit hat mir wieder einen unmittelbaren Zugang zu meiner Weiblichkeit eröffnet. Mein Gefühl ist heute ein ganz anderes als noch vor ein paar Jahren. Ich fühle mich mit mir verbunden und ganz und gar richtig.

Wie lange habe ich meiner tollen Figur hinterher getrauert. Mich bedauert und bemitleidet. Doch jetzt mal ganz ehrlich: Mein Lebensgefühl war damals einfach nur scheiße. Es war so viel nicht richtig, ich fühlte mich nicht richtig.

Heute, mit runderen Hüften, fühle ich mich großartig. Und das liegt daran, dass ich mich in mir wiedergefunden habe, dass ich ich bin – und auch genau richtig bin.

Ganz viel Kleidung, die ich zu Beginn meiner Selbstständigkeit gekauft habe, war mir überhaupt nicht dienlich bzw. hat mich nicht glücklich gemacht. Sie hat mir das Gefühl gegeben, mich verstellen zu müssen. Deshalb habe ich sie mit einem sehr guten Gefühl in die Kleiderkammer gebracht. Ich trage heute das, worauf ich Lust habe.

Mal sind es Kleider – ich liebe Kleider. Lange Zeit wurde mir vermittelt, darin sähe ich so „mächtig" aus. Diese Äußerungen kann ich heute da lassen, wo sie hingehören: bei dem, der sie sagt. Und ich trage Kleider, die mir *jetzt* passen und mir ein gutes Gefühl vermitteln. Das ist total cool. Ich trage auch Hoodies und Sweater – genauso wie tief ausgeschnittene Oberteile. So wie ich eben Bock habe. Es ist mir egal, was andere denken oder sagen.

Ich habe öfter die Erfahrung gemacht, dass eine völlig fremde Person mir gesagt hat, was ich tragen kann und was nicht. „Probieren Sie doch mal was Neues. Diese Farben und diese Kombination würden ihnen so gut stehen." Hm, eigentlich wollte ich ja nur mal gucken, aber wenn ich so angesprochen werde, dann kann ich auch mal was Neues ausprobieren ...

Also ging ich mit einem zusammenstellten Haufen Klamotten in die Umkleide. Der erste Blick in den Spiegel rief große Skepsis in mir hervor. „Das trägt man jetzt so, ist der neuste Schrei."

„Ah ... na ja, wenn man das jetzt so trägt. Vielleicht bin ich auch einfach nur manchmal etwas zu engstirnig."

Weil ich mich darin aber so unwohl gefühlt habe und gar nicht ich war, kam es dann aber leider oft so, dass diese Sachen nie das Tageslicht gesehen und inklusive Preisschild ein trauriges Dasein im Kleiderschrank gefristet haben.

Die Krönung meines Shoppingfrustes war, als ich für die Erstkommunion meiner Tochter ein Outfit gesucht habe. Ich war mit zwei meiner Töchter unterwegs. Die Verkäuferin kam und fragte, was ich mir denn so vorgestellt hätte. Oh, ich hatte klare Vorstellungen. Ich wollte gern ein Kleid. Also machte sich die gute Frau auf die Suche … ich bekam das erste Kleid und schon, als sie es gebracht hat, dachte ich: „Nö." Die Farbe, der Schnitt – damit fühlte ich mich sehr unwohl. Es dauerte nicht lange, da kam der erste Jumpsuit.

„Das trägt man jetzt. Das ist der absolute Renner." Also zog ich das Ding an. Allerdings waren diese Jumpsuits nicht gemacht für meine Figur und meine Größe. An den Beinen fehlten locker fünf Zentimeter – „Das können wir ändern". Mein Oberkörper war viel zu lang, sodass es im Schritt wirklich unangenehm war.

„Ach, das sieht ja hervorragend aus. Aber wissen Sie, was da jetzt fehlt? Eine Jacke und ein Gürtel."

Und schon wuselte die Verkäuferin durch den Laden und ich stand etwas unschlüssig halb in der Kabine, halb im Laden. Meine Töchter guckten skeptisch, sagten aber nichts. Es dauerte nicht lange, da hatte ich ein Jäckchen an – überhaupt nicht mein Style – und einen Gürtel, den ich sicher niemals wieder tragen würde.

Mein Wunsch, ein Kleid zu kaufen, war auch im Keim erstickt worden. Die Verkäuferin war so penetrant, mir etwas „aufzuschwatzen", und ich fühlte mich völlig in die Ecke gedrängt.

Und das Schlimmste war: Ich fühlte mich überhaupt nicht wohl. Ganz abgesehen davon, dass der ganze Spaß über 300 € gekostet hätte. Ich hätte schlicht und einfach sagen können, dass das alles nicht meinen Vorstellungen entsprach, aber das konnte ich zu dem Zeitpunkt nicht. Vielleicht, weil ich einfach kein großes Fass aufmachen oder die Verkäuferin nicht verletzen wollte (ja, ich weiß, völliger Humbug).Ich griff also zum Handy, täuschte einen Anruf vor und erklärte der Verkäuferin, dass ich dringend nach Hause müsse zu meinem Kind und ein anderes Mal wiederkommen würde.

Vor dem Geschäft nahm meine Tochter meine Hand und sagte: „Mama, du sahst ganz komisch aus. Gar nicht mehr wie meine Mama und dabei wolltest du doch nur ein Kleid haben."

Ich bin übrigens später mit meinem Mann in einen anderen Laden gefahren. Eine Verkäuferin, hörte sich meine Wünsche und Vorstellungen an und brachte mir direkt mein Kleid. Ich zog es an und war begeistert. Es saß super, die Farbe, der Stoff – alles passte. Wir waren nach 30 Minuten fertig und ich hatte die Kleidung, in der ich mich richtig gut fühlte.

Eine Kollegin sagte mal zu mir:„Es gibt ja bestimmt die Business-Ellen und die private Ellen. Allein schon bei deiner Kleiderwahl und deinem Auftreten, oder?"

Ich war völlig irritiert. Wie, zwei Ellens? Eine private und ein Business-Ellen?

Nein, die gibt es nicht. Ich kleide, spreche und bewege mich beruflich genauso wie privat.

Ich habe gelernt, dass ich mich für mich anziehe, schminke oder die Haare mache.

Denke mal an die einsame Insel.

Ich mache das nicht mehr für jemanden, sondern für mich. Die Kleidung, mein Äußeres, es macht etwas mit mir. Wir begegnen uns so oft selbst; in Spiegelungen sehen wir uns immer wieder. Wenn ich mich in meiner Kleidung unwohl fühle, hat das Auswirkungen.

Es macht etwas mit uns, wenn wir uns ausschließlich in Jogginghosen bewegen. Ich möchte die Jogginghose nicht abwerten. Sie ist sicher mal angebracht. Aber welches Gefühl vermittelt eine Jogginghose? Sie kann ganz schnell den Hang zum „Rumgammeln" haben und auch das macht etwas mit uns. Ich glaube, das haben viele Menschen im Corona-Lockdown sehr gut gespürt.

Mir geht es darum, gut für mich und meinen Körper zu sorgen und wohlwollend mit ihm umzugehen. Früher habe ich mich tatsächlich für andere schick gemacht, die Haare gemacht oder mich geschminkt. Heute mache ich das für mich.

Ich darf mich heute so fühlen, wie ich morgen sein will

Einen Tag, an dem das mit dem wohlwollenden Körpergefühl nicht so gut funktioniert, empfinde ich als eine großartige Chance. Ich könnte dann über mein Aussehen motzen, mich runtermachen, aufs Essen verzichten, mich völlig auspowern beim Sport. Würde mir das ein gutes Gefühl geben? NEIN. Es würde meine Laune nur noch weiter runterziehen. Und genau das möchte ich ja vermeiden.

Also gehe ich achtsamer mit mir um. Ja, ich weiß, achtsam ist ein bisschen ausgelutscht, dennoch passt es sehr gut. Ich fühle noch mal in mich rein. Und ja, ich fühle mich mies.

Also schaue ich, wie ich mich besser fühle. Natürlich, eine Jogginghose hätte den absoluten Vorteil, dass sie nicht kneift oder zwickt, aber ich kann mir auch meine Lieblingsjeans oder mein Lieblingskleid raussuchen. Ich kann mir meine Haare machen und Make-up auflegen. Ich kann Parfüm auftragen und Ohrringe anziehen.

All das tue ich nicht für andere. Das mache ich für mich. Weil ich weiß, dass es mir leichter fällt, mich anzulächeln und mich gut zu finden, so wie ich aussehe.

Natürlich ist es das Ziel, immer und in jedem Moment zu sich selbst sagen zu können: „Hey, du da im Spiegel, du siehst einfach großartig aus und bist eine tolle Frau."

Klar. Es gibt auch viele, viele Tage, an denen das super klappt, doch ich mache mir keinen Stress mehr damit. Genauso, wie ich mich nicht mehr mit Klamotten stresse, die eine gewisse Unterwäsche erfordern oder in denen ich mich nicht wohlfühle.

Und Gefühle sind nun mal der Schlüssel, mit denen wir unsere Gedanken ändern können. Also sorge ich dafür, dass meine Gefühle mir gegenüber gut sind, dass ich mich quasi heute schon so fühle, wie ich morgen sein möchte.

Unsere Gedanken werden zu unserer Realität. Es tut mir leid, wenn ich mich wiederhole, aber es ist enorm wichtig. Du denkst 60.000 bis 80.000 Gedanken am Tag. Die hinterlassen Spuren in dir. Sie verändern deine Wahrnehmung. Die berühmte rosarote Brille, wenn jemand verliebt ist: Auf einmal ist alles nicht so dramatisch, auf einmal sind wir viel milder mit so vielen, aber besonders mit uns selbst.

Setze dir im Alltag eine rosarote Brille auf, wenn du dich anschaust, und du veränderst deine Realität. Bis vor kurzem habe ich nie Lippenstift getragen. Heute kann ich es mir kaum mehr ohne vorstellen. Und ich bin immer wieder happy, wenn ich mir damit im Spiegel selbst zulache.

Ich warte mit dem tollen Kleid nicht mehr, bis ich zehn Kilogramm weniger wiege. Das tolle Kleid ziehe ich in meiner Größe JETZT schon an. Und klar, hätte ich heute schon gern diese zehn Kilo weniger. Das heißt aber nicht, dass ich mich nicht trotzdem lieben und vor allem strahlen kann.

Du musst nicht kämpfen

Lange Zeit habe ich gedacht, dass Kämpfen zum Leben gehört. Mein Leben war ein großer Kampf und ich hatte sehr viele Fronten, an denen ich gefühlt kämpfen musste. Eine davon war definitiv mein Körper. Ich kämpfte gegen ihn, weil ich der Meinung war, er würde mir den Weg in mein glückliches Leben versperren.

Ich fand jede Menge Gründe, warum ich nicht einfach *jetzt* glücklich sein konnte. Schließlich fehlte mir immer etwas. Ich war ja nicht so, wie ich es gern gewesen wäre.

Ohne dich zu kennen, wage ich mal zu behaupten, dass du diese Gedanken kennst: dass du wer sein musst, dass du erst so aussehen musst, dass du erst ... Aber glücklich zu sein, das ist dein Geburtsrecht. Du brauchst nichts dafür zu tun oder erst etwas oder jemand zu werden. Du darfst dich selbst umarmen und gut zu dir sein. Glücklich zu sein ist nicht an irgendwelche Umstände gebunden, auch wenn es dir vielleicht von Kindesbeinen an so vermittelt wurde.

Durch Gedanken wie diesen, dass Glück etwas ist, was du dir erst verdienen musst, entwickelt sich ein recht unvorteilhaftes Muster. Warum unvorteilhaft? Weil es dazu führt, dass wir uns selbst im Weg stehen. An meinem Beispiel siehst du ja, wie schwierig es sein kann, diese Muster zu lösen. Erinnere dich nur mal an Birgit und mich. Sind diese Muster einmal richtig tief im Unterbewusstsein verwurzelt, dann liegt es oft auch außerhalb des eigenen Handlungsbereichs, diese zu lösen, weil sie einfach nicht erkannt werden.

Im Grunde genommen weißt du das alles schon. Du weißt, dass es niemals diesen *einen* Augenblick gibt, in dem dein Glücklich-Sein startet. Tief in dir weißt du, dass du vollkommen perfekt bist, genauso, wie du bist. Doch fühlen kannst du es nicht. Es kommt (noch) nicht in deinem Herzen an.

Was aber in deinem Herzen ankommt, das sind die Zweifel und die Ängste.

Gut zu sich zu sein, liebevoll mit sich umzugehen, auf die eigenen Bedürfnisse zu achten, wäre das nicht ein Schritt in die falsche

Richtung? Ist das nicht gleichzusetzen mit „Ich habe mich aufgegeben und lasse mich gehen?"

Die Angst, diesen Stempel aufgedrückt zu bekommen, die ist bei den meisten Frauen sehr, sehr groß.

Bei einem meiner Seminare kam eine Teilnehmerin nach einer gemeinsamen Meditation zu mir und meinte: „Ellen, das ist total plausibel, was du sagst: dass ich gut zu mir und meinem Körper sein soll. Aber ehrlich: Das fällt mir so schwer. Mir wurde Perfektionismus quasi in die Wiege gelegt. Wenn ich jetzt aufhöre, mir Gedanken über meine Figur, meinen Sport und so weiterzumachen, kommt mir das vor wie eine persönliche Niederlage. Das ist für mich gleichzusetzen mit Aufgeben."

Ich schaute sie an und fragte: „Ist das wirklich dein Gedanke oder könnte es sein, dass dieser Gedanke tatsächlich von jemand anderem kommt und du ihn nur aus Gewohnheit denkst?"

Sie überlegte ein bisschen. „Jetzt, da du mich so fragst, muss ich gestehen, dass ich diesen Gedanken noch nie auf seine Richtigkeit überprüft habe. Solange ich mich erinnern kann, war der so da. Meine gesamte Familie war sehr Sport-bewusst. Essen war immer mit Kalorien und Dickwerden gleichgesetzt. Getreu dem Motto: „Ein kurzer Moment im Mund – ein Leben lang auf den Hüften." Wenn meine Mutter sich mit ihren Schwestern traf, wurde erst mal in Ruhe über andere gelästert. Ein großer Bestandteil dieser Lästereien richtete sich auf Leute, die „fett" geworden sind, und das wurde oftmals kommentiert mit den Worten: ‚Die hat sich aber gehen lassen.'"

„Wenn du jetzt darüber nachdenkst, dass diese Gedanken gar nicht deine sind, und du nun frei wählen könntest, was du denken möchtest – was wären denn dann deine Gedanken?"

Meine Teilnehmerin musste schon etwas lachen. „Ich würde mir das Leben nicht ganz so schwer machen. Ich würde ja selbst wissen, dass ich mich nicht gehen lasse. Niemand von außen kann ja beurteilen, wie viel Mühe ich mir gebe, wie viel Energie ich in mich stecke. Eigentlich sollte ich mich um meinetwillen lieben und das sollte nicht an Anstrengungen geknüpft sein."

Was für eine Erkenntnis. Ja, du darfst dich um deinetwillen lieben. Du musst niemandem beweisen, wie sehr du dich doch anstrengst.

Sehr viele Menschen reden über andere. Das liegt nicht unbedingt daran, dass das Leben der anderen so spannend ist. Es liegt eher daran, dass ihr eigenes Leben ihnen langweilig erscheint. Das macht nicht nur schlechtes Karma, sondern prägt auch uns und unsere Kinder. Mit welcher Selbstverständlichkeit Urteile getroffen werden, überrascht mich jeden Tag aufs Neue.

Was bei uns für ein Kopfkino startet, wenn jemand zu- oder abnimmt, das ist absolut Oscar-reif. Und es gibt wirklich immer noch viele Menschen, die über das eigene Kopfkino reden. Es lenkt schließlich von den eigenen Unzulänglichkeiten ab. Über andere zu reden, hat auf jeden Fall den Vorteil, dass wir uns selbst nicht in den Mittelpunkt stellen.

Doch das Kopfkino ist leider immer nur fiktiv. Es ist eine von unserem Hirn erfundene Story.

Wer sagt, was wahr ist? Woher wollen wir wissen, was wirklich los ist? Vielleicht hat die junge Frau von nebenan etwas zugenommen, weil sie in einer Kinderwunschbehandlung ist und Hormone einnehmen muss? Die Mutter der Bekannten hat vielleicht so stark abgenommen, weil der Sohn eine schlimme Diagnose bekommen hat und sie vor lauter Kummer nicht essen kann? Vielleicht liegt der Grund für die starke Abnahme der Erzieherin der Kinder darin, dass sie an einer Depression leidet und es ihr regelrecht den Appetit verschlägt? Wer weiß denn schon, was bei wem los ist?

Wir sollten uns freimachen von dieser Art des Kopfkinos. Und auch von all dem, was andere über uns denken. Denn wir sind es uns schuldig, nicht nur zu *wissen*, dass wir uns lieben dürfen, sondern es auch zu *tun*.

Warum priorisieren wir diese alten Prägungen und Gedanken höher als unsere wahren Gefühle für uns? Von wem erhoffst du dir die Absolution? Wer muss dich begnadigen, damit du endlich gut zu dir bist? Überlege mal, wie viel Macht du in diesem Fall du abgibst.

Es ist unsere ureigenste Aufgabe, uns aus unseren alten Mustern und Denkweisen zu befreien. Kümmern wir uns um uns selbst und lassen wir die anderen das gleiche tun. Wie meine Oma so schön sagte: „Wenn doch jeder mal vor der eigenen Haustür kehren würde, dann hätten wir alle mehr als genug zu tun."

Unerbetenes Feedback und stärkende Komplimente

Mir ist es ein großes Anliegen, möglichst bewusst und wohlwollend zu sein und auch so zu sprechen. Ich bin mittlerweile ausgesprochen sensibel für die Art und Weise, wie wir mit- und übereinander sprechen. Deshalb fallen mir viele Formulierungen auf, die ich persönlich sehr ungünstig finde.

„Ich meine es ja nur gut mit dir, deshalb muss ich dir mal sagen …" ist so eine Formulierung. Sie kommt daher wie der Wolf im Schafspelz. Sie ist eine Art Rechtfertigung, die es dem Gegenüber erlaubt, ungefiltert einfach alles zu sagen.

Ob es der zu kurze Rock ist, das übertriebene Make-up, die falsche Haarfarbe oder der dezente Pickel am Kinn, es ist völlig gleichgültig. Ungefiltert werden uns unter dem Deckmantel der nur guten Absicht Dinge gesagt, die großen Schaden anrichten können.

Als ob unser Äußeres eine Grundlage für Diskussionen ist. Geht es noch?

Nehmen manche Menschen wirklich an, du oder ich hätten keinen Spiegel zu Hause?

Meint wirklich irgendjemand, der Pickel am Kinn ist mir noch nicht aufgefallen und ich fühle mich damit nicht scheiße?

Muss mein Gegenüber mir wirklich sagen, wie er oder sie über meinen Minirock denkt und könnte man sich eventuell vorstellen, dass eine Menge Mut kostet, ihn zu tragen?

Niemand, wirklich niemand hat das Recht, jemand anderem ungefragt ein Feedback zu geben.

Was steckt hinter diesem Feedback? Es ist das Thema meines Gegenübers. Er oder sie hat ein Problem mit dem Rock oder er oder sie findet meinen Pickel abstoßend und kann nicht daran vorbeigucken. Wäre der Rock anders oder der Pickel weg, würde es *meinem Gegenüber* das Leben leichter machen – nicht mir.

Ein unerbetenes Feedback sagt sehr viel über mein Gegenüber aus. Es sagt auch etwas über seine eigene Wichtigkeit aus – er muss sie betonen, indem er oder sie sich und die eigene Meinung äußerst wichtig nimmt.

„Ich meine es doch nur gut ...“ ist eine generelle Rechtfertigung für übergriffiges Handeln. Denn ja, es ist übergriffig, jemandem zu sagen, wie er oder sie aussieht. Damit meine ich keine Komplimente, sondern Kritik. Und ich meine auch nicht, dass wir eine Freundin nicht mehr darauf aufmerksam machen, dass sie ein Stück Lakritz zwischen den Zähnen hat. Da hat die betroffene Person ja in dem Moment keine Chance, dies selbst festzustellen. Aber die neue Frisur, die Kleidung, die kleine Rolle über der Hose? Leute, das ist doch jedem bewusst.

Wie kommen wir eigentlich auf die Idee, Lösungen für jemand anderen zu suchen? Denn nichts anderes ist diese Kritik und dieses Gut-Meinen – wir denken, dass wir unserem Gegenüber helfen müssen, das Äußere zu optimieren.

Was hat mich das früher aufgeregt. Alter Schwede ... Es wurden nicht nur Worte geäußert, sondern ich hatte auch tatsächlich schon Hände, die nicht mir gehörten, an meiner Kleidung, die diese graderücken oder runterziehen wollten.

Das hat mich zu Recht auf die Palme gebracht. Doch wie Anthony Robbins sagte: „Wo wir unsere Aufmerksamkeit drauf richten, davon bekommen wir mehr." Also ist sich darüber aufzuregen und zu ärgern nicht die Option, um das zu ändern.

Ich kann mein Umfeld nicht ändern. Ich kann meinen Mitmenschen sagen, dass sie etwas tun oder lassen sollen. Aber hilft das? Meiner Meinung nach nicht. Das katapultiert mich nur wieder in einen Zustand der Hilflosigkeit. Da möchte ich ehrlich gesagt gar nicht hin.

Meine Aufgabe in solchen Situationen ist es, zu schauen, dass ich es anders mache, dass ich auf meine Worte achte. Damit meine ich nicht, dass ich jetzt jedes meiner Worte auf die Goldwaage lege, aber ich wähle meine Worte mit Bedacht.

Es sind kleine Stellschrauben, die wir selbst verändern können, um andere Reaktionen hervorzurufen.

Beispielsweise benutze ich nicht mehr (jedenfalls zu 95 Prozent) das Wort „man". Das ist im deutschen Sprachgebrauch sehr geläufig, was „man" so alles tut oder nicht. Wenn das Wort „man" durch „ich" oder „du" ersetzt wird, bekommt vieles eine ganz andere Bedeutung.

Ich „muss" und „soll" mittlerweile auch nur noch sehr wenig. Das nimmt mir einen großen Druck und gibt mir viel mehr Freiheit.

Schließlich habe ich diese ungebetene Kritisiererei, von der ich auch lange Zeit dachte, dass es einfach normal sei, umgewandelt, und zwar in Komplimente. Anstatt zu kritisieren bzw. ungefragte Feedbacks zu geben, gebe ich Komplimente.

An jeder Frau, an jedem Mann, an jedem Menschen gibt es viele schöne Sachen.

Doch das auszusprechen, fällt vielen von uns noch sehr schwer.

Übung:

Ich lade dich ein, es einfach auszuprobieren.

Wenn du unterwegs bist, lächle andere Menschen an. Wenn du mit anderen zusammenstehst, sag ihnen etwas Nettes. Du ahnst gar nicht, wie viel das verändert.

Die Pastorin, die meine Nichte getauft hat, trug Leopardenstrumpfhosen unter ihrem Strickkleid. Während sie ihr Gewand anhatte, ist mir das gar nicht aufgefallen. Doch als sie es ausgezogen hatte und noch für einen Schwatz zu uns kam, stachen mir diese Strumpfhosen sofort ins Auge und ich konnte nicht anders, als zu ihr zu sagen: „Das sind hammermäßige Strumpfhosen. Die sehen großartig aus." Sie strahlte übers ganze Gesicht und erzählte mir sofort, woher sie die hat und dass es für sie eine große Überwindung sei, diese zu tragen.

Dieser kleine Satz von mir hat bei meinem Gegenüber ganz viel verändert.

Wir können entscheiden, ob wir Gutes säen wollen oder Negatives.

Egal, ob du Leopardenstrumpfhosen magst oder nicht, ob du das Outfit deines Gegenübers als passend oder unpassend empfindest – es geht nicht um dich. Du und deine Meinung spielen bei deinem Gegenüber keine Rolle. Außer, du wirst danach gefragt.

Das zu verinnerlichen macht das Leben wesentlich leichter und vor allem viel schöner.

Kapitel 11

Was willst du wirklich?

*Du selbst zu sein in einer Welt,
die dich ständig anders haben will,
ist die größte Errungenschaft.*

– Ralph Waldo Emerson

Die Festtage meiner Kindheit waren geprägt von köstlichen Speisen und später auch Getränken. Der besondere Rotwein, der für Heiligabend aufbewahrt wurde, oder das Drei-Gänge-Menü zum Mittagessen und die großartigen Torten zum Kaffee. Ich sag nur Frankfurter Kranz – köstlich ...

Früher waren diese Feste und das damit verbundene Festessen eher selten und auch sehr besonders. Ich will damit nicht sagen, dass zum Beispiel Weihnachten heute nicht mehr besonders ist, aber wir starten doch schon satt ins Weihnachtsfest. Bevor die Feiertag überhaupt beginne, haben wir gefühlte 20 Weihnachtsfeiern oder Weihnachtsmarktbesuche schon hinter uns. Es gibt schon viele Teams, die lieber im Januar oder Februar ihre Weihnachtsfeier nachholen, weil der Dezember so voll ist.

Warum erzähle ich dir das alles? Weil ich dein Bewusstsein verändern möchte. Viele dieser Traditionen haben uns geprägt und wir haben wunderbare Erinnerungen daran. Aber ... heute ist nicht mehr früher. Wir haben heute eine ganz andere Fülle und ein ganz anderes Angebot von Festivitäten.

Warum müssen wir also die Feste in der Art und Weise von früher feiern? Weil es Weihnachten ist?

Ergibt es Sinn, den Tisch mit Essen und Getränken zu füllen, vor denen die meisten sitzen und denken: „Das tut mir gar nicht gut." „Ich möchte das gar nicht essen." „Wenn ich aufhören würde zu essen, wenn ich satt bin, dann wäre das jetzt."

Ganz davon abgesehen, dass eine oder einer aus der Familie sich nicht entspannt an den Tisch setzen kann, sondern die köstlichen Speisen auch zubereitet hat – von dem Einkaufsmarathon und den anderen Vorbereitungen mal ganz zu schweigen.

Es ist nicht meine Absicht, dir an dieser Stelle das Weihnachtsfest oder andere Festivitäten zu vermiesen. Jeder so, wie er oder sie mag. Doch wir reden so viel über Nachhaltigkeit. Wir reden so viel über unseren Planeten, der dringend Unterstützung braucht. Wäre es da nicht auch ein Anfang, sorgsamer mit uns und unserer Nahrung umzugehen? Müssen an solchen Feiertagen große Mengen ungegessen in die Tonne wandern?

Können wir nicht klar und deutlich kommunizieren, was wir wirklich wollen?

Bedürfnisorientiert

Der Begriff „bedürfnisorientiert" passt an dieser Stelle sehr gut. Du bist dem Begriff vielleicht schon einmal auf dem Spielplatz oder in der Kita begegnet, wenn Mütter sich über die Erziehung ihrer Kinder austauschen, oder als Hashtag in den sozialen Medien.

Aber was bedeutet er denn eigentlich?

Viele denken beim Stichwort „bedürfnisorientierte Erziehung", es gehe dabei ausschließlich um die Bedürfnisse der Kinder und würde bedeuten, dass wir irgendwann von lauter kleinen oder großen Narzissten umgeben sind, die nicht auf die Bedürfnisse anderer reagieren können und nur ihre eigenen wahrnehmen. Doch das meint dieser Erziehungsstil gar nicht.

Es geht bei der bedürfnisorientierten Erziehung vor allem darum, auf die Bedürfnisse zu achten, die hinter einem bestimmten Verhalten der Kinder (oder des eigenen Verhaltens) stehen. Und dann diese Bedürfnisse so gut es geht zu befriedigen, statt „Symptome" zu stillen oder einen Kampf zu kämpfen, um den es gar nicht geht. Und ein wichtiger Grundsatz ist, dass die Bedürfnisse aller Beteiligten gleichwertig sind. Ja, auch die Bedürfnisse der Frau und Mutter.

Nehmen wir ein Beispiel: Du bist mit deinen Kindern auf dem Spielplatz. Und du musst auf die Toilette, während die Kinder das Bedürfnis haben zu spielen. Aber du musst. Was tust du? Stellst du dich hinten an und verkneifst dir was, in der Hoffnung, dass du es irgendwie ausschwitzen kannst? Oder erklärst deinen Kindern, dass du jetzt Pippi musst, und bittest sie, dich zu begleiten, bevor sie anschließend weiterspielen können?

Diese Orientierung an unseren Bedürfnissen würde ich mir beim Thema Essen sehr viel mehr wünschen: dass wir nicht aus Höflichkeit etwas essen, was wir vielleicht gar nicht mögen; dass wir nicht weiteressen, obwohl wir satt sind, nur weil wir unser Gegenüber nicht kränken wollen; und dass wir auch klar kommunizieren: das mit dem Essen, mit dem Kochen, ist mir gerade alles zu viel und ich schaffe das einfach nicht.

Vielleicht denkst du jetzt, dass ich ja leicht reden habe, es aber deine Familie es durchaus noch sehr persönlich nimmt, wenn du kein zweites Stück Torte isst oder vorschlägst, aus einem Drei-Gänge-Menü ein Ein-Gang-Menü zu machen.

Das kann ich sehr gut nachvollziehen. Doch ist es dir wirklich dienlich, wenn du beim Essen auf andere Rücksicht nimmst statt auf dich?

Musst du dich wirklich rechtfertigen, wenn du auf dich und deinen Körper hörst?

Hat diese Art von Rücksichtnahme etwas mit dir zu tun oder mit deinem Gegenüber?

Die Frage, die du dir stellen darfst, ist: Was ist mir und meinem Wohlbefinden dienlich?

Und sie beschränkt sich nicht nur auf das Essen.

Ich habe vor einigen Jahren meinen Mann und meine Kinder gebeten, dass wir über Weihnachten in den Skiurlaub fahren. Auch wenn unsere Familien nie etwas gesagt haben, weiß ich, dass wir ihnen an Weihnachten gefehlt haben.

Ich hatte für Heiligabend einen Brief vorbereitet, den meine Schwester mit unter den Baum gelegt hat. Im Großen und Ganzen ging es darum, dass wir eine Familie sind, an 365 Tagen im Jahr, dass wir jeden Tag entscheiden, dass wir uns lieb haben, dass Weihnachten ein Fest ist wie beispielsweise Ostern oder Allerheiligen. Wir können entscheiden, welche Bedeutung wir dem geben. Müssen wir wirklich am 24. oder 25. Dezember zusammensitzen, um uns als Familie zu fühlen? In meiner Welt ist das nicht so. Ich habe meine Familie am 29. August genauso lieb.

Für mich war dieser Skiurlaub an Weihnachten eine grandiose Erfahrung.

Wir saßen am 24. Dezember bei bestem Kaiserwetter im Lift und ich brauchte mich nur um mich zu kümmern. Ich musste nicht einkaufen, kochen oder irgendwas erledigen. Ich musste einfach nur auf zwei Brettern den Berg heruntersausen. Das hat mich so glücklich gemacht und mein Leben tatsächlich viel leichter. Mittlerweile ist es keine Neuigkeit mehr, dass wir Weihnachten in den Bergen verbringen. Dort sind wir den ganzen Tag an der frischen Luft, unsere Teenager-Kinder haben kaum ihr Handy in der Hand, wir bewegen uns viel und haben keine Verpflichtung. Für uns ist das ein wahres Fest.

In dem Jahr, als wir, aus bekannten Gründen, nicht wegfahren konnten, vertiefte sich diese Erkenntnis. Es waren vier aufeinander folgende Tage (am 27. hat meine Tochter Geburtstag), an denen ich mich viel zu wenig bewegt und mehr gegessen habe, als ich Hunger hatte.

Und ich habe mich anschließend gefragt: Warum?

Vielleicht, weil es einfach da war oder weil es so lecker war oder weil es ja schließlich Weihnachten ist?

Ich kann es dir nicht sagen. Aber ich kann dir sagen, dass ich seither besser darauf achte, was mir guttut, selbst, wenn wir Weihnachten mal wieder hier wären.

Bedürfnisorientiert halt.

Ich bin so frei

Essen ist und bleibt ein grundlegendes Bedürfnis. Wir müssen essen, um zu überleben. Doch um diese existenzielle Funktion der Nahrungsaufnahme geht es, zumindest in unseren Breitengraden, oft gar nicht mehr.

Hören wir noch auf unsere Intuition? Essen wir wirklich des Hungers wegen?

Essen wir, weil es da ist, weil uns langweilig ist? Verbieten wir uns das Essen, weil es schließlich schon nach 18 Uhr ist? Essen am Abend macht ja bekanntlich sehr viel dicker als Essen am Nachmittag. Unsere Köpfe sind so voller Regeln, Sitten und Glaubenssätze, dass wir oft wie ferngesteuert reagieren.

Was wäre, wenn du von all diesen Dos and Don'ts nichts wüsstest oder ihnen nicht mehr so viel Aufmerksamkeit schenken würdest? Du erinnerst dich: Was würdest du tun, wenn du auf einer einsamen Insel wärst?

Sich selbst in den Fokus zu stellen, ist auch im 21. Jahrhundert für viele Frauen ein No-Go – und diese sich selbst zurücknehmende Einstellung ist ohne Altersbeschränkungen.

Seit mehreren Jahren begleite ich Jugendliche und junge Erwachsene. Es ist so erschütternd, wie gering ihr Selbstwert ist. Auch
wenn sie vielleicht nach außen das Bild eines selbstbewussten
Teenagers, einer toughen jungen Frau abgeben – oft ist das nur
eine Fassade. Bilder und Videos in den sozialen Medien prägen
das eigene Körperbild ebenso wie der häusliche Umgang mit dem
Thema. Der Zweifel am eigenen Sein, die Skepsis über die eigene
Richtigkeit und auch Angst vor der Meinung der anderen sind
allgegenwärtig.

Frei und klar zu kommunizieren, was wir uns wünschen, was wir
wirklich wollen, das fällt so schwer. Dabei geht es hier um niemand anderen als uns selbst. Wir haben diesen wunderbaren
Körper. Wir haben diese eine Gesundheit. Wie wertvoll das ist,

fällt uns oftmals erst auf, wenn wir es nicht mehr haben. Wäre es nicht ein Schritt in die richtige Richtung, wenn wir aufhören würden, uns um das Urteil anderer zu scheren? Dieses ganze Vergleichen und Sich-selbst-Zurücknehmen führt doch nur dazu, dass der geringe Selbstwert noch geringer wird. Es vertieft sich der Gedanke: „Ich bin nicht richtig. Ich bin nicht gut genug." Und der hat so großen Einfluss auf unser tägliches Tun und Sein.

Wäre es nicht ein Schritt, nur noch die Dinge zu tun, die wir auch wirklich wollen?

Doch, was ist das, was du wirklich willst?

Hast du dich schon mal damit befasst, was du wirklich willst in deinem Leben?

Ich möchte euch gern von Luna erzählen. Sie ist Anfang 20 und suchte mich auf, weil ihre eigene Unsicherheit sie so fertig machte.

Bevor sie das Haus verließ, zog sie sich mindestens sechs Mal um. Und das, obwohl sie ihr Outfit schon mit mindestens drei Freundinnen besprochen und beraten hat. Anfangs bezog sich ihre Unsicherheit nur auf ihre Kleidung, doch es wurde immer schlimmer. Sie traute sich in der Vorlesung nicht, etwas zu sagen, aus Angst, angeschaut und bewertet zu werden. Die Angst, irgendwo im Mittelpunkt zu stehen, wurde immer größer.

„Dann sehen mich ja alle an und merken, wie schlecht und wie hässlich ich bin."

Sie fühlte sich in einem dauerhaften Bewertungszustand. Bloß nicht auffallen. Bloß nicht aus der Reihe tanzen. Sie war auf dem besten Weg, eine Angststörung zu entwickeln.

„Mein Körper sieht furchtbar aus. Ich bin so klein und viel zu dünn. Es gibt keine Rundungen, kein Dekolleté. Alle anderen sind viel hübscher als ich."

Luna hörte genau hin, wenn ihre Freundinnen sich über andere unterhielten, sie bewerteten und urteilten. Und hoffte nur, dass sie, falls sie mal nicht dabei sein konnte, etwas besser wegkam. Das verstärkte natürlich den Wunsch, bloß keine Fehler zu machen. Am besten gar keine eigene Meinung haben.

Ihre eigenen Wünsche oder Bedürfnisse hat sie schon gar nicht mehr geäußert. „Es interessiert doch eh keinen, was ich wirklich will, was ich möchte."

Als überzeugte Vegetarierin hatte sie es in ihrer Familie schon immer schwer. „Meine Eltern verstehen nicht, warum ich kein Fleisch esse." Immer wieder wird sie gefragt, ob sie denn Hähnchen esse, weil – das gilt ja quasi nicht. Oder dass sie den Eintopf mit Speck doch essen könne. Speck sei ja schließlich fast vegetarisch. Und ständig musste sie sich anhören, dass sie krank und ungesund aussehe.

„Jetzt kann ich nicht mal mehr in meinem direkten Umfeld sagen, was ich möchte, ohne dass das direkt bewertet und kommentiert wird."

Auf meine Frage, was anders wäre, wenn es all dieses Gerede nicht mehr geben würde, hatte sie eine eindeutige Antwort: „Ich könnte endlich wieder frei atmen. Ich könnte endlich herausfinden, wer ich wirklich bin, ohne ständig darüber nachdenken zu müssen, was die anderen von mir denken."

Darauf fragte ich sie: „Liebe Luna, würdest du dich dann wieder sicher und geborgen fühlen?"

Sie schaute betreten nach unten. „Ellen, ich weiß gar nicht mehr, wie sich das anfühlt. Es ist so lange her, dass ich mich sicher und geborgen gefühlt habe."

Wir fingen also an, erst einmal diesen Zustand von sicher und geborgen zu erarbeiten. Was bedeutet das denn überhaupt? Und Luna bekam Schritt für Schritt wieder den Mut, sich zu vertrauen.

Doch wie machen wir uns frei von der Meinung der anderen?

Wir haben verschiedene Dinge ausprobiert. Beispielsweise war es Luna sehr wichtig, in der Öffentlichkeit nicht aufzufallen. Sie kam aus einer sehr kleinen Stadt, in der jeder jeden kannte, und sie wollte auf keinen Fall ins Gerede kommen.

Also fuhren wir an einem Samstag zusammen in eine größere Stadt. Luna hatte die Aufgabe, ein Outfit zu tragen, das sie in ihrem Heimatort nie tragen würde. Ich konnte direkt merken, dass sie sich total unwohl fühlte. Also haben wir erst einmal ihren Stresslevel gesenkt, indem wir gemeinsam geatmet und ihren sicheren Ort gefunden haben. Dort konnte sie sich gedanklich sofort hinbegeben, wenn es ihr zu viel wurde.

Wir liefen also durch die Fußgängerzone und ich verwickelte sie schnell in ein amüsantes Gespräch. Wir lachten viel und irgendwann bemerkte Luna, dass sie fast schon die gesamte Fußgängerzone durchquert hatte.

„Ellen, mich hat gar keiner beachtet. Mich hat keiner komisch angeschaut. Das ist ja total toll."

„Ja, genau. Oft sind wir es, die unseren Fokus auf die Blicke der anderen legen und diese auch ganz stark bewerten. Aber wir legen jetzt noch eine Schippe drauf: Jetzt machen wir etwas ganz Verrücktes."

Auf Lunas Visionboard, das sie in unserer gemeinsamen Arbeit erstellt hatte, waren viele Bilder von Frauen mit Hüten. Auf meine Nachfrage meinte sie, dass sie halt richtig auf Hüte stehe, aber niemals tragen würde. Das käme einem Outfit-Selbstmord gleich.

Tja, rate mal, was wir gemacht haben?

Genau, wir sind in einen Hut-Laden gegangen. Ich hatte im Vorfeld einen Termin für uns beide ausgemacht. Mit dem Inhaber war abgesprochen, dass ich meine Begleitung erst einmal motivieren wollte, Hüte anzuprobieren, ohne garantieren zu können, dass sie wirklich einen Hut kaufen wird, und er hatte nichts dagegen. Also betraten wir den Laden. Luna fühlte sich recht unwohl und peinlich berührt, als der nette Inhaber uns nach ihren Vorstellungen fragte. Da ich sie damit so überrascht habe, konnte sie gar keine genauen Vorstellungen äußern. Also schaute der Mann Luna einen Moment intensiv an und holte dann den ersten Hut aus dem Regal.

Sie setzte ihn auf und musste sofort lachen. Nein, der Hut war es noch nicht. Aber es war schon mal ein cooles Gefühl. Und so probierte Luna wirklich viele Hüte aus. Verschiedene Formen, Größen und Farben. Wir hatten alle drei einen Riesenspaß.

Ein Hut hatte es ihr besonders angetan. Immer wieder setzte sie ihn auf. Auf einmal machte sie im Spiegel verschiedene Posen. Der Hut stand ihr unheimlich gut. Er betonte ihr Gesicht wunderbar und ließ sie geheimnisvoller wirken.

Sie schaute mich an und fragte: „Was ist, wenn ich diesen Hut kaufe und ihn niemals trage? Wenn ich mich das einfach nicht traue?"

„Ich kann dir dafür keine Garantie geben, aber ich kann dir anbieten, das mit dir zu üben. Wenn wir etwas üben und uns innerlich sicher fühlen, wird uns die Außenwirkung egaler ... und wir könnten direkt heute mit dem Üben anfangen."

Luna hat den Hut gekauft und direkt getragen. Wir gingen noch zusammen ins Museum, tranken Kaffee und bummelten durch die Straßen.

Luna machte an diesem Tag die Erfahrung, dass kein Mensch sich für sie interessierte. Sie bekam vielleicht mal ein Lächeln geschenkt, aber das nahm sie vor lauter Aufregung gar nicht wahr. Das Gefühl, ständig beobachtet zu werden, das war nur in ihrem Kopf.

Natürlich gibt es Menschen, die über andere Menschen reden. Doch ist da nicht die Frage: Wenn ich das nicht möchte, warum bin ich dann mit denen befreundet?

Wenn ich mich unsicher fühle und beobachtet, dann ist es ein gutes Training, Situationen herbeizuführen, in denen ich Gegenteiliges erlebe. In den meisten Fällen ist es doch so, dass die meisten Menschen gar nicht auf die Details bei anderen achten. Wie jemand gekleidet ist, fällt oft gar nicht auf.

Und ja, es gibt besonders Frauen, die einen erst einmal von oben bis unten abchecken, die die Stimme senken, wenn sie mit einer anderen reden. Doch warum darfst du nicht der Grund für deren Gespräche sein? Sieh es doch positiv: Du bist der Anlass, dass sich Menschen über dich unterhalten. Vielleicht inspirierst du mit dem, was du tust, wie du dich kleidest, wie du dich verhältst, jemand anderen dazu, sich selbst etwas zu trauen.

Bewerte es doch nicht als schlecht, nur weil jemand vielleicht neidisch ist oder auch nur unsicher.

Eins ist klar: Menschen, die mit sich kein Thema haben und sich in sich wohlfühlen, haben diese Art von Bewertung gar nicht nötig. Es macht Spaß, sich mit ihnen zu unterhalten, und sie brauchen weder deinen Applaus noch deine Zustimmung.

Es waren ein bisschen Training und Arbeit nötig, damit Luna ihr Leben wieder so leben kann, wie sie es für richtig hält, dass sie ihren eigenen Wert erkennt und somit auch niemand mehr von außen darüber bestimmen kann.

Doch heute geht es Luna sehr gut. Sie schickt mir immer noch gern Fotos von sich, wie sie vor dem Spiegel steht und einen neuen Look ausprobiert. Ihren Hut – und es sind mittlerweile mehrere – trägt sie wie eine Krone: stolz und aufrecht. Sie hat erkannt, dass ihre Ängste bewertet zu werden oft nur in ihrem Kopf waren. Und von Menschen, die so negativ über andere Menschen herziehen, hat sie sich getrennt.

Und ja, sie ist noch Vegetarierin – mit Überzeugung. Wie sie das bei Familienfeiern macht? Ganz easy: Sie redet gar nicht viel darüber, denn wie so oft sind die meisten Menschen mit sich selbst beschäftigt. Sie nimmt sich einfach Kartoffeln und Gemüse (ohne Speck angebraten). Oftmals fällt es gar keinem auf.

Wenn jemand sie fragt, ob sie denn auch satt geworden sei, oder ihr sagt, dass sie ja so dünn sei, weil sie Vegetarierin ist, lacht sie nur noch und sagt: „Okay."

Sie rechtfertigt sich nicht mehr für ihr Sein. Es sind ihre Entscheidungen und Überzeugungen.

Du bist der Schlüssel

Würde es dein Selbstwertgefühl beeinflussen, wenn du fändest, dass deine Hände zu groß oder zu klein oder deine Fingernägel nicht richtig sind?

Ich vermute mal, das hätte keinen allzu großen Einfluss auf dein Selbstwertgefühl, oder?

Aber ob dein Körper größer oder kleiner, dicker oder dünner ist, das kann enormen Einfluss haben.

Wir dürfen die Bedeutung, die wir für uns festlegen, noch mal überdenken. Wir dürfen diese auch umlenken und vor allem an unsere Kinder weitergeben.

Die krasseste Aussage habe ich von einer damals Siebenjährigen gehört. Sie wollte mit ihrer Familie eine Diät starten. Ich konnte meine Gesichtszüge nicht so ganz beherrschen und sie sind mir tatsächlich entglitten. Und sie schaute mich an und meinte traurig: „Prinzessinnen sind nun mal nicht dick, Ellen."

Das war einer dieser Momente, in denen ich laut schreiend Menschen wachrütteln möchte.

Lasst uns bitte wegkommen von diesen Bewertungen, von diesen Beurteilungen. Lasst uns unsere Ängste und Befürchtungen nicht auf unsere Kinder oder unser Umfeld übertragen.

Lasst uns gegenseitig stärken.

Lasst uns gegenseitig lieben.

Wir verändern damit die Welt. Glaubst du nicht?

In dem Moment, in dem du deine Energie und deinen Fokus änderst, änderst du deine Ausstrahlung. Und was meinst du, welchen Einfluss das auf dein Umfeld hat?

Einen riesigen.

Wir denken oft, wir wären machtlos oder es käme nicht auf uns an.

Dabei ist unsere innere Einstellung so wirkungsvoll.

Wenn du mir nicht glaubst, probier es einfach mal aus.

Übung:

Ich lade dich ein, dass auch du Situationen trainierst, in denen du dich eher unwohl fühlst. Vielleicht möchtest du auch schon lange einen Hut tragen (oder Highheels oder Lippenstift), traust dich aber noch nicht. Fahre in eine belebte Stadt und laufe damit durch die Fußgängerzone. Trage die Kleidung, die du vielleicht in bestimmten Gruppen nicht tragen würdest.

Dies ist eine Möglichkeit, deine alten Erfahrungen und Prägungen durch neue zu ersetzen.

Die neue Erfahrung wäre beispielsweise, dass dir niemand sonderlich viel Beachtung schenkt, wenn du z.B. einen Hut trägst.

Und je sicherer du dich fühlst, desto leichter fällt es dir, das auch in deinem gewohnten Umfeld zu tun.

Einfach mal machen – könnte ja gut werden.

Kapitel 12

Niemand ist so sexy wie eine Frau, die mit sich im Reinen ist

*„Frauen von heute warten nicht auf das Wunderbare-
sie inzinieren ihre Wunder selbst."*

– Katharine Hepburn

Markus und ich haben zu vielen Dingen eher unkonventionelle Einstellungen. Damit sind wir Menschen oft auf die Füße getreten oder besser gesagt: Sie fühlten sich von uns auf die Füße getreten. Am meisten von mir.

Für mich gibt es kein Schwarz oder Weiß, pauschale Aussagen langweilen mich ebenso wie Gespräche über andere Leute. Das ist für mich fast so schwer zu ertragen wie Dauer-Gejammer und -Gemeckere. Am besten noch übers Wetter ...

Es hat einige Jahre gedauert, bis ich zu dem Schluss gekommen bin, mich nicht mehr anzupassen oder zu verbiegen, nur um irgendwo mitzumachen bei etwas, was mir gar nicht guttut.

Wie du dir vielleicht vorstellen kannst, war das nicht unbedingt immer der einfachere Weg. Aber er hat sich gelohnt.

Man sagt, dass unsere Prägungen in unseren Zellen gespeichert sind – und zwar die Prägungen aus bis zu sieben Generationen unserer Vorfahr*innen. Das erklärt, warum wir Frauen uns teilweise noch wie im Mittelalter fühlen. Ich sag nur: das schöne schlechte Gewissen. (Aber darauf wollte ich gar nicht hinaus.) Seitdem ich davon weiß, denke ich mir eins: „Jetzt ist Schluss".

Diese Prägungen von mir, dieses Fühlen und Denken, ich möchte das für meine Töchter nicht. Sie sollen frei und unbeschwert durch ihr Leben gehen. Sie sollen ihren Körper als besten Freund betrachten und nicht als Feind, den es zu besiegen gilt.

Ich möchte, dass sie sich gern im Spiegel anschauen, darauf pfeifen, was die Leute sagen, und glücklich sind.

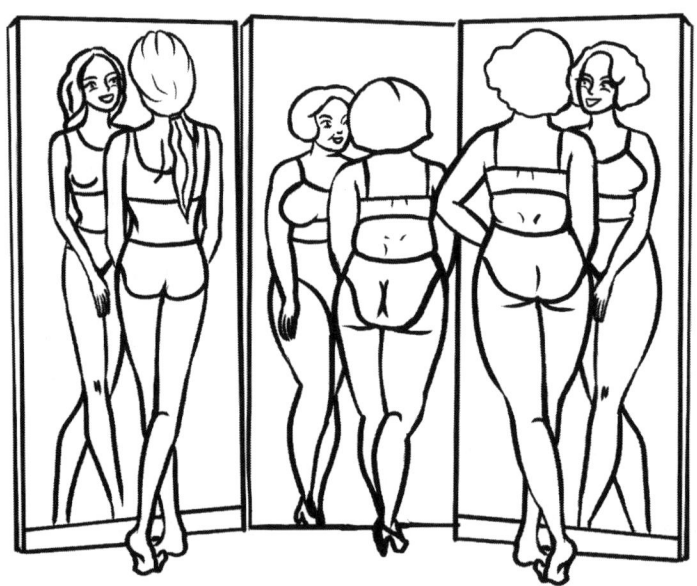

Danke, dass ihr so anders seid

Das auch vorzuleben (meiner Meinung nach der einzig effektive Weg), hat mich so viel gekostet. Viele Tränen und viele Menschen, von denen ich dachte, sie wären Freunde.

Ich habe mir so manchen Kratzer eingefangen. Und jedes Mal habe ich mich geschüttelt, meine Wunden geleckt, mich aufgerichtet und weitergemacht.

Und eines Tages fuhr ich meine Tochter zu ihrer Freundin. Und mitten aus dem Nichts guckte sie mich an und meinte: „Mama, ich bin so froh, dass ihr so anders seid."

Ich zuerst etwas verwirrt, musste dann aber erst mal laut lachen.

„Ja, ich bin auch froh, dass wir anders sind; aber warum bist du es?"

„Das ist so krass, was bei so vielen Mädels in meinem Alter abgeht. Die finden sich viel zu fett, zu hässlich, die machen andere so runter und lästern so ab. Und die finden das völlig normal. Die Eltern stressen wegen Noten und der Schule und lassen auch über deren Körper voll die doofen Sprüche fallen, was einige dazu bringt, gar nichts mehr zu essen. Das ist so krank und so krass."

Ich musste schlucken. „Was genau ist bei uns anders?"

Sie schaute mich von der Seite an: „Ich habe noch nie überlegen müssen, ob ich euch was erzählen kann oder nicht. Ihr habt noch nie über meinen Körper gelästert oder einen doofen Spruch gemacht. Wenn jemand anders das macht, nehmt ihr mich oder meine Schwestern zur Seite und sagt: Ignoriere es. Wir fällen keine pauschalen Urteile über andere – jedenfalls kriege ich das nicht mit. Und ihr habt noch nie Stress wegen meiner Noten gemacht. Es ist nicht unbedingt einfach, in dieser Zeit groß zu werden, und ihr versteht das."

Ich konnte gar nicht viel sagen. Die gesamte Rückfahrt habe ich geheult.

In dem Moment hatte ich das Gefühl, dass bei uns alles richtig ist. Und ich habe mit den anderen Mädels gelitten, weil ich deren Gefühle, die meine Tochter mir beschrieben hat, so gut nachfühlen konnte.

Meiner Meinung nach ist es absolut Zeit, endlich alte Prägungen und Muster zu durchbrechen. Es ist so Zeit, sich endlich zu befreien.

Wir sind keine Konkurrentinnen mehr. Wir nehmen uns gegenseitig nichts weg.

Wir sind alle Schwestern und Brüder.

Sawubona – ich sehe dich

‚Sawubona' ist eine afrikanische Grußformel, die übersetzt bedeutet: Ich sehe dich.

Ich sehe dich als Mensch mit all deinen Gefühlen, Wünschen und Hoffnungen. Ich nehme dich zu 100 Prozent wahr.

Wann hast du den Menschen dir gegenüber, an deiner Seite oder auch hinter dir 100 Prozent wahrgenommen?

Wann hast du dich das letzte Mal darauf eingelassen, mehr von ihm oder ihr zu erfahren?

Ist es nicht oft so, dass wir, wenn wir eine Frage stellen, kaum Zeit für die Antwort lassen?

Ist es nicht oft so, dass wir uns, ohne Hintergründe und Fakten zu kennen, schon eine feste Meinung zusammengezimmert haben?

Wenn wir uns freimachen von unseren Vorurteilen, Prägungen und Glaubenssätzen, sind wir in der Lage, uns voll und ganz auf unsere Mitmenschen einzulassen. Wir sind dann frei von vorgefertigten Lösungen, ungebetenen Ratschlägen und Begrenzungen, die einfach gar nicht unsere sind.

Es sind diese Menschen, die mich immer wieder faszinieren. Mit denen es so Spaß macht, sich zu unterhalten und sich auszutauschen. Weil es ein Austausch auf Augenhöhe ist.

Ja, wieso sollten wir das auch nicht sein? Gute Frage. Weil uns oft unser Ego erzählen will, wir müssten uns erheben, besser sein, weiter sein als andere.

Doch das ist ein absoluter Quatsch. Das sind wieder Begrenzungen – aus veralteten Denkweisen.

Ich habe so viele Gespräche erlebt, in denen sich mein Gegenüber einfach weggedreht hat (klar habe ich darüber nachgedacht, ob ich einfach nicht so unterhaltsam bin) oder in denen mir jemand ins Wort fiel und direkt die passende Lösung für mich hatte.

Gerade bei dem Thema Gewicht und Figur. Alter Schwede, das ist wirklich krass, mit welcher Selbstverständlichkeit Lösungen verteilt werden. Und das, obwohl vielleicht gar keine gesucht wird.

Stell dir eine nette kleine Party vor. Du stehst mit deinem Martini in einer kleinen Runde zusammen. Die Gespräche plätschern so dahin. Du erzählst, dass du es heute etwas schwierig fandest, etwas Passendes zum Anziehen zu finden. Und bevor du sagen kannst, dass du die Wäscheberge noch nicht geschafft hast und deshalb die Kleiderwahl schwierig war, fällt dir jemand ins Wort.

„Ja, das glaube ich, als ich vor einiger Zeit noch fülliger war, hatte ich auch oft Probleme, was Schönes zum Anziehen zu finden. Du musst einfach mal die XY-Diät ausprobieren. Damit habe ich das ganz schnell in den Griff bekommen."

Und bevor du die Sache richtigstellen kannst, hat die nächste schon ihren ungefragten Senf dazugegeben: „Oh ja, das kenne ich auch! Du musst einfach nur ab zwölf nichts mehr essen – dann ist das überhaupt kein Thema mehr."

Ähm – HALLO? Ich stehe hier bei euch, habe überhaupt kein Problem mit meinen Klamotten gehabt (außer, dass sie halt ungewaschen sind) und ihr bietet mir hier eine Lösung nach der anderen an, um die ich überhaupt nicht gebeten habe.

Ja, stimmt, und in so einem Moment fühlt man sich so richtig gesehen, wahrgenommen und akzeptiert.

Du darfst mich gern naiv nennen, aber ich glaube grundsätzlich an das Gute im Menschen. Ich bin auch der festen Überzeugung, dass diese Ratschläge eine gute Absicht haben und in dem Moment keiner etwas Böses wollte. Wir sind es so gewohnt, zu optimieren, dass viele es gar nicht bemerken, dass es manchmal gar nichts zu optimieren gibt.

Oft, wenn wir eine Geschichte hören, sind wir ganz schnell in unserer Geschichte und teilen direkt unsere Lösung. Grundsätzlich eine sehr nette Idee. Aber muss das sein?

Ist es nicht auch eine Option, einfach mal abzuwarten, keine Lösung parat zu haben, sondern einfach nur mal zu sagen: „Okay."

Ist das nicht die „eigentlich" wertschätzende Art und Weise, die mein Gegenüber auch verdient hat?

Wie kommen wir raus aus diesem Verhalten?

Es gibt eine so simple wie effektive Sache, die wir berücksichtigen können. Zähle einfach mal bis fünf. Innerlich. Wenn dir das für den Anfang zu lang erscheint, zähle bis vier.

Das meine ich absolut ernst. Du bist im Gespräch und dein Gegenüber erzählt dir etwas. Sofort springt dein Kopf an, mit Lösungen oder etwas Ähnlichem, was dir passiert ist und geholfen hat. Doch, bevor du dem Impuls folgst und losredest, zähle innerlich bis 5.

Das mache ich schon sehr lange so. In Gesprächen mit meinem Mann, mit den Kindern, meinen Eltern, Freunden usw. Sie beenden einen Satz und ich zähle innerlich bis fünf.

Weißt du, was dann passiert?

Ganz häufig, wenn ich bei vier angekommen bin, reden sie einfach weiter. Sie waren noch gar nicht fertig. Zwar haben sie das angenommen und ihren Satz beendet, doch das Sortieren der eigenen Gedanken war noch gar nicht beendet.

In dem Moment, wenn du mit deiner Antwort abwartest, wenn du den Raum offen lässt, kann dein Gegenüber weiter den eigenen Gedanken folgen. Dann kommen die Lösungen auch meistens von ganz allein. Dafür brauchen wir oft keine Inspirationen. Wir brauchen dafür meist nur einen Raum, in dem wir unsere Gedanken lassen können.

Wenn du jetzt denkst, das sei aber in Gesprächen sehr schwierig, weil viele in deinem Umfeld dir diesen Raum nicht geben und du sofort mit Lösungen und Ratschlägen bombardiert wirst:

1. Gib dir und deinen Gedanken selbst diesen Raum. Das nennt man auch „Talking to your Cat". Du erzählst dein Problem oder deine Situation einfach deiner Katze, deiner Zimmerpflanze oder dem Hund. Von keinem dieser Gesprächspartner erwartest du eine Antwort, aber es hat den Effekt, dass sich deine Gedanken wirklich sortieren und du von ganz allein auf deine Lösung kommst.

2. Wenn dir in Gesprächen ein Ratschlag (und nimm das Wort mal auseinander – einen Schlag zu bekommen, fände ich alles andere als witzig) angeboten wird, auch wenn du gar nicht danach gefragt hast, ist deine Haltung, also die Art und Weise, wie du damit umgehst, entscheidend. Statt dein Gegenüber zu belehren oder zu ermahnen sich zurückzuhalten, hast die Möglichkeit, die guten Wünsche und Ratschläge, die dir die Ohren fliegen, einfach nicht anzunehmen. Klingt einfacher, als es ist, denn es passiert oft, dass du anfängst, dich zu rechtfertigen.

Du erklärst, was du schon alles ausprobiert hast, wie deine Erfahrungen sind und dass es vielleicht auch einen guten Grund gibt, warum das bislang noch nicht so gut funktioniert hat. Doch, meine Liebe, das meine ich nicht. Es gibt keinen Grund, dich zu rechtfertigen. Niemals. Stell dir das, was dein Gegenüber sagt, vor, als wären das kleine Bälle. Du entscheidest, ob du diesen Ball auffängst und zurückspielst oder einfach liegen lässt. Der fliegt zu dir, doch du guckst ihn dir nur an und er landet einfach vor deinen Füßen. Dort lass ihn liegen. Mach dir klar, dass dein Gegenüber in diesem Moment überhaupt nicht an deiner Sicht der Dinge interessiert ist. Denn ziemlich häufig geht es in so einer Gesprächssituation nicht um dich, sondern um die Wichtigkeit deines Gesprächspartners.

Einfach schön – auch ohne Filter

Vergiss jede Konfektionsgröße.

Vergiss jedes Make-up.

Vergiss Klamotten.

All das ist reines Beiwerk. Sie können deine Schönheit und dein Wesen wunderbar betonen, doch sie machen deine Schönheit und dein Wesen nicht aus.

Oft denken wir, wenn wir nur etwas wegschminken, kaschieren oder ablenken, dann wären wir schön. Wer den Film „Schwer verliebt" gesehen hat, weiß, worauf ich jetzt hinaus will.

Der Hauptdarsteller, der nur auf Äußerlichkeiten stand und Frauen wie Spielzeug behandelt hat, bekam im Aufzug von niemand anderem als Antony Robbins eine kleine Hypnose.

Als er den Fahrstuhl wieder verlassen hat, sah er nur noch die innere Schönheit der Menschen. Er sah entstellte, verbrannte und auch sehr übergewichtige Menschen als bildschön und absolut fantastisch. Und andersherum natürlich genauso.

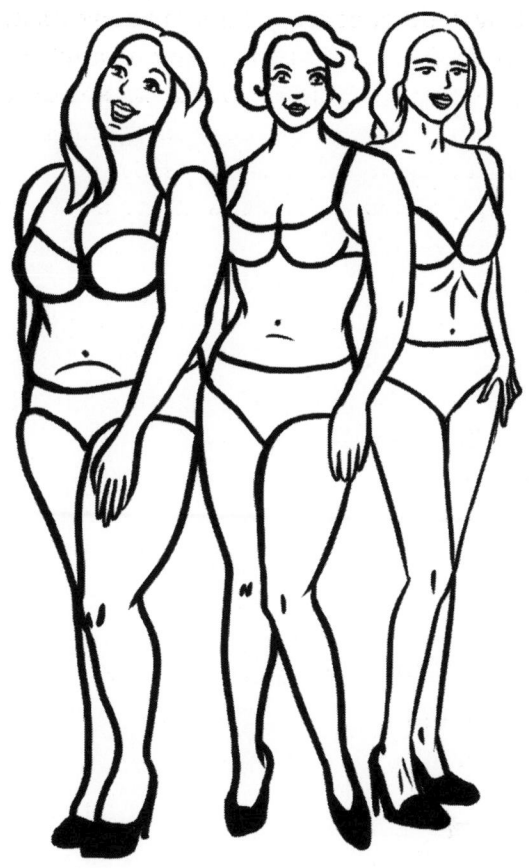

Natürlich kategorisieren wir Menschen jetzt bitte nicht in zwei Gruppen – also gut oder nicht gut. Doch ist es nicht so, dass die Ausstrahlung, die innere Einstellung und auch innere Zufriedenheit wunderschön und auch sexy machen?

Menschen, die ein starkes Selbstvertrauen haben, sich mögen und lieben, die brauchen keinen Zuspruch von außen. Klar schmeichelt ein Kompliment auch ihrem Ego, aber sie brauchen es nicht. Sie sind in ihrer Kraft, strahlen das auch aus und laden dazu ein, das andere das auch tun können.

Du merkst ihnen an, wie sicher sie sind. Wie sehr sie in sich ruhen.

Diese Ausstrahlung bekommen wir nicht durch irgendetwas im Außen. Nichts von außen kann dafür sorgen, dass du dich so fühlst.

Ich habe Frauen erlebt, die mehr geliebt wurden, als ich es je wahrgenommen habe, und sie waren unsicher, zickig, missgünstig und neidisch. Sie konnten diese Liebe, die ihnen entgegengebracht wurde, nicht annehmen oder gar fühlen.

Ich habe Töchter und Söhne gesehen, die um ihretwillen so geliebt wurden, es aber nicht annehmen konnten, weil sie diese Liebe nicht fühlen konnten.

Es ist dann für mich ein großer Kraftakt, nicht ins Mitleid zu gehen, sondern im Mitgefühl zu bleiben.

Fragst du dich gerade, wo denn der Unterschied ist? Dann eine kurze Erklärung;

Im Mitleid ist es wie das Wort schon sagt: Du leidest mit jemandem mit. Bildlich gesprochen – du hüpfst mit in den Sumpf aus Leid. Dann steckst du mit drin. Das hilft weder dem, der drin steckt, noch dir.

Mitgefühl hingegen ist, wenn du empathisch und aufrichtig mitfühlst, aber am Rand des Sumpfes sicher und fest stehen bleibst.

Das ist ein großer und wichtiger Unterschied. Oft passiert es, dass wir mit unserem Gefühl in die Geschichte einsteigen und dann mitleiden. Davon hat unser Gegenüber nichts; und wir auch nicht, denn es ist schließlich nicht unsere Geschichte.

Frauen (meistens sind es junge), die hart zu sich und zu anderen sind, sind nicht im Mitgefühl für sich. Sie sind im Selbstmitleid. Sie leiden ständig. Wie nimmst du leidende Menschen wahr? Anstrengend, oder?

Ich meine, jede von uns, die schon mal einen Mann mit fast tödlichem Männerschnupfen zu Hause hatte, kennt das Gefühl. Du bringst Taschentücher, kochst Suppe, regelst den Haushalt, die Kinder und der leidende Mann zeigt selten, dass er zufrieden oder gar dankbar ist. In diesem Moment wissen wir, dass nichts, was wir sagen oder tun, zu einer Besserung führt (außer vielleicht die Ankündigung, seine Mutter anzurufen und sie zu bitten zu kommen. Nicht selten ist dann eine Spontanheilung zu beobachten.)

Den Menschen, die sich selbst nicht lieben und wertschätzen, ergeht es leider ähnlich. Und ja, ich weiß, wovon ich da rede – da steckte ich jahrelang drin. Du bekommst Komplimente, du wirst umarmt und geliebt, du kaufst tolle Kleidung, machst dir die Haare, schminkst dich – doch dann schaust du in den Spiegel und denkst: „Echt jetzt?"

In dem Moment kannst du alles, was du von außen versucht hast zu tun, um dich besser zu fühlen, in den Müll werfen. Es hat keine Chance, seine Aufgabe zu erfüllen.

Jedes lieb und ernst gemeinte Kompliment – es hat keine Chance.

Jedes Produkt, was du kaufst, um dich schöner zu fühlen, hat nur eine kurzfristige Chance, deine Stimmung zu verändern, denn es kratzt nur an der Oberfläche. In die Tiefe kommt es einfach nicht.

Auf einem Seminar, das ich gehalten habe, habe ich am Ende zu den Teilnehmerinnen gesagt: „Ich wünschte, ihr könntet euch mit meinen Augen sehen."

Ich sehe wunderschöne, liebevolle und wunderbare Menschen. Ihre sogenannten Makel nehme ich oft gar nicht wahr – erst, wenn sie mir genannt werden.

Ich sehe die Narben, die das Leben hinterlassen hat.

Ich sehe auch die Wunden, die einfach nicht heilen wollen.

Ich sehe die harte Arbeit und das stetige Bemühen, sich immer wieder zur High Performance anzutreiben. Statt einfach nur zu sein. Statt einfach nur zu vertrauen.

Wir versehen unsere Bilder bei Instagram und Facebook so oft mit einem Filter. Warum? Weil wir uns tief in uns ungenügend fühlen? Der Hashtag #mehrreallifeaufinstagram ist einer meiner Favoriten.

Lass uns vor den Spiegel stellen und uns lieben – tief aus unserem Herzen heraus.

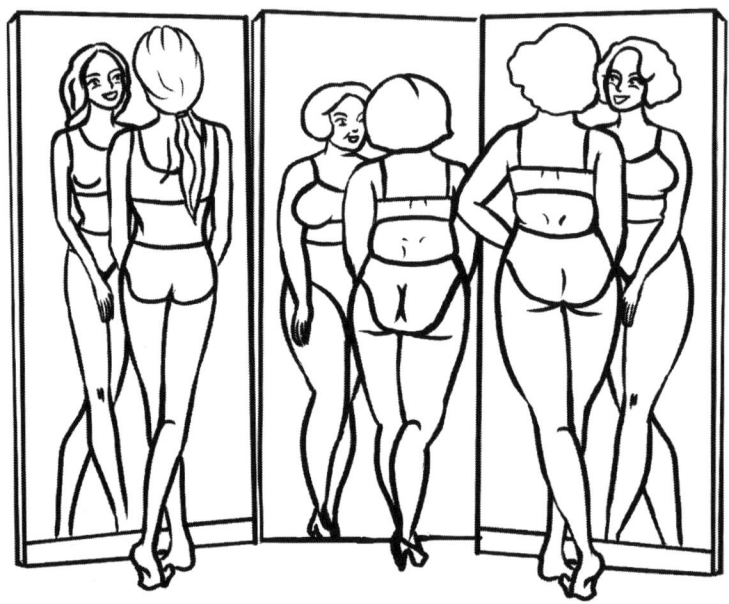

Lass uns dem ‚Sawubona' folgen und uns und unsere Mitmenschen als Ganzes wahrnehmen – ohne Filter, ohne Einschränkungen.

Kapitel 13

Es geht nicht ohne dich

*Jeden Tag dasselbe zu tun und eine Veränderung
zu erwarten, ist eine Form des Wahnsinns.*

– Albert Einstein

Ich habe dir in diesem Buch viel von unseren Prägungen erzählt. Und ich habe dir auch von meinen eher Scheiß-Erlebnissen erzählt, doch damit ist jetzt Schluss, denn was ich dir erzähle, hört mein Unterbewusstsein auch.

Und wenn wir immer und immer wieder die gleichen Geschichten erzählen, passiert es allzu leicht, dass wir im Sumpf des Selbstmitleids versinken. Und das ist das Gegenteil von dem, was es heißt, Verantwortung zu übernehmen.

Aber genau darum geht es. Denn kein Kurs, kein Buch, kein Seminar bringt tatsächlich eine Veränderung. Außer, du übernimmst die Verantwortung dafür. Damit meine ich, dass du *voll und ganz* die Verantwortung übernimmst. Es geht nicht ohne dich.

Die alten Geschichten loslassen

Als ich das erste Mal mit dem Thema Selbstliebe in Berührung kam und dies zu meinem Beruf machte, erfuhr ich einigen Widerstand.

Einerseits waren die Zweifler sehr laut, die es nicht für möglich hielten, dass eine ehemalige Krankenschwester erfolgreich selbstständig sein kann. Andere hielten das Thema Selbstliebe für Hokuspokus. Diese hatten auch bislang meinen Weg immer nett belächelt, aber meine Ernsthaftigkeit war ihnen nicht klar. Doch tatsächlich zeigte ich diesen Menschen sehr schnell das Gegenteil. Ich ließ mich nicht beirren und ging für mich und mein Ziel.

Ich war bereit, viele alte Gedanken und Muster über Bord zu werfen. Es gab zwar Zeiten, in denen es nicht gut funktionierte, aber die Momente, in denen die Ergebnisse meines neuen Denkens einfach großartig waren, überwiegen bei weitem.

Meine Selbstliebe war trotz alledem begrenzt. Sie endete dann, wenn ich mich auszog. Sie endete dann, wenn ich Schlankere gesehen habe oder ich mit kleineren Frauen unterwegs war – was wäre ich gern mal weniger aufgefallen.

Es war mein Filter der Bewertungen, der sich mir so in den Weg gestellt hat. Und mit jeder Geschichte über meine Prägungen habe ich diesen Filter immer wieder neu aus der Tasche geholt.

Ich habe lange nicht verstanden, dass meine Selbstliebe mit zweierlei Maß gemessen hat. Und das, obwohl Selbstliebe in Wirklichkeit bedingungslos ist.

Ich habe mich unfassbar hart bewertet – und viele andere auch. Ich habe – ich denke, viele kennen das – angefangen, mich zu limitieren und Kontrolle auszuüben.

Obwohl ich es superätzend fand und meine tiefe innere Überzeugung eine völlig andere ist, habe ich das Einzige kontrolliert, was eben geht: Essen – Kalorienaufnahme und Kalorienverbrauch.

Doch woher kam dieses Bedürfnis, mich kontrollieren zu wollen?

Die Antwort ist immer Angst. Wenn ich anfange, mich zu kontrollieren, steht dahinter eine große Angst, dass etwas so, wie es gerade ist, nicht in Ordnung ist. Und das Erste, was ich an meinem

Körper kontrollieren kann, ist natürlich das Essen. Ich kann bestimmen, was ich zuführe und was eben nicht.

Das ist auch ehrlich gesagt das Einfachste. Ja, echt.

Es ist einfacher, die Lebensmittel zu kontrollieren, als anders zu denken.

Diese ganzen Geschichten von „Von nix kommt nichts" oder „Jedes Pfündchen geht durchs Mündchen" glauben wir bereitwilliger, als dem Gedanken, dass wir mit jedem Röllchen oder Pfündchen liebenswert sind oder gar, dass wir das mit dem Gewicht selbst in der Hand haben.

Und ich glaube, da lag auch mein Fehler, wenn man überhaupt von Fehlern reden kann.

Mein Learning aus dieser Zeit ist, dass meine Liebe zu mir nicht begrenzt oder Kilo-abhängig ist. Meine positive Ausstrahlung kommt nur aus mir. Ich durfte anerkennen, dass ich mich nicht länger in diesem Strudel aus Vergleichen, Geschichten-Erzählen oder auch Neid befinden möchte. Es ist meine Entscheidung. Aber diese Entscheidung bedeutet jetzt nicht, dass ich ab sofort auf mein Rosinenbrötchen am Morgen verzichte.

Ich darf die Verantwortung übernehmen, diese alten Geschichten loszulassen – und das ist harte Arbeit. Besonders, weil ich kein Mensch auf einer einsamen Insel bin. Denn die kollektiven Gedanken rund um das Thema Essen und Gewicht begegnen einem auch, ohne dass wir darum gebeten haben. Da wünsche ich mir manchmal schon eine einsame Insel, auf der ich meine Gedanken und Verhaltensweisen neu programmieren kann. Aber ich glaube, ich stehe auf Herausforderungen. Die Kunst ist es doch, „sein Ding" zu machen, ohne dass sich die anderen verändern müssen.

Nach eigenen Regeln spielen

Das sind meine Spielregeln: Meine Mitmenschen dürfen denken, was sie wollen. Sie dürfen sagen, was sie wollen, aber ich entscheide, was ich davon glaube und was ich davon für bare Münze halte. Ja, dieses Spiel ist anstrengend.

Doch wo und wann im Alltag muss ich wirklich auf meine eigenen Spielregeln achten und mich bewusst dafür entscheiden?

Erstens: Immer, wenn ich in Versuchung gerate, etwas zu kaufen oder zu buchen, merke ich, dass es Zeit wird, das eigene Mindset wieder auf Kurs zu bringen. Nehmen wir beispielsweise eine weitere Ausbildung, ein Coaching oder auch Produkte. Ich hinterfrage mich dann genau, ob ich das, was ich da kaufen will, deshalb kaufe, weil ich es möchte oder weil ich es brauche. Wenn ich denke, dass ich etwas brauche, steht ein Mangel dahinter. Denn in meiner Welt haben wir bereits alles, was wir brauchen. Trotzdem konsumiere ich natürlich auch Dinge, beispielsweise ein Coaching. Das möchte ich. Ich möchte gerne lernen, wie es etwas funktioniert und gewisse Abkürzungen nehmen.

Zweitens: Niemand anderes kann für eine Veränderung sorgen.

Früher habe ich am liebsten Produkte, Kurse oder Angebote gekauft, bei denen mir jemand versprochen hat, dass es ganz leicht ist: das großartige Sportprogramm, bei dem du nicht auf Kalorien achten musst, oder die Tablette, die wie von selbst den Abnahmeeffekt garantiert.

Was sehnte ich mich nach Leichtigkeit. Doch weißt du was? „Das geht sich nicht aus", wie meine österreichischen Freunde gern sagen.

Ich will es leicht und einfach? Dann ich es auch tun. Dann darf ich sämtliche alten Begrenzungen und Gedanken der Schwere einfach loslassen (einfacher gesagt, als getan).

Es wird niemand kommen, der oder die das für mich erledigt. Das mache nur ich – entgegen allen Erfahrungen, entgegen allen kollektiven Meinungen.

Ich stehe inzwischen auf ‚natürlich schlank‘. Ich stehe total auf Vertrauen in meinem Körper – was ich ihm so lange entzogen habe und dachte, ich müsste ihn kontrollieren.

„Es tut mir so leid, was ich uns beiden angetan habe. Es tut mir so leid, dass ich dachte, ich wüsste es besser als du. Wir waren ein so gutes Team – bis ich anderen mehr geglaubt habe als dir. Und das ist nicht die Schuld der anderen. Es ist *meine* Verantwortung. Ich habe an uns beiden gezweifelt. Du hast deinen Job wirklich gut gemacht. Bis gestern habe ich an uns gezweifelt, doch ab *jetzt* bin ich bereit, anders zu denken, dir wieder zu vertrauen."

So sieht mittlerweile mein innerer Dialog aus. Alles andere macht mich müde. Ich mag nicht mehr. Ich will nicht in Unzulänglichkeiten denken. Ich habe mich entschieden, in Leichtigkeit und voller Vertrauen zu denken.

Drittens: Nach gefühlten Jahren voller Entbehrungen habe ich mich wieder dem Genuss gewidmet – dem reichlichen Genuss.

Ich kannte kein Maß. Ich musste so lange auf viele Köstlichkeiten verzichten, dass ich völlig ausgehungert war. Das hat sich auch tief in meine Gedanken eingegraben.

Diese Gedanken – für mich ist nicht genug da, ich werde nicht satt, mir nimmt jemand was weg – haben mein Unterbewusstsein stark geprägt. Ich kam mir oft vor wie die Raupe Nimmersatt.

Doch sich ohne Hunger oder Appetit mit Essen vollzustopfen, kann es auch nicht sein. Auch hier gilt es, Verantwortung zu übernehmen und sich selbst zu fragen: Okay, ist es nicht an der Zeit, mein natürliches Hungergefühl zu spüren und dem auch nachzugehen? Verzichte ich auf das Frühstück, weil es mir eine Ernährungsform sagt oder weil ich einfach keinen Hunger habe? Esse ich jetzt diesen Schokoriegel, weil ich ihn möchte oder weil ich es gewohnt bin?

Lass uns für das, was wir tun oder nicht tun, wirklich die Verantwortung übernehmen und damit JA sagen.

Ja zu uns selbst. Auch zum Hunger oder eben zu keinem mehr. Lass die Kartoffel auf dem Teller, wenn du satt bist. Trink das Glas Wein nicht leer, wenn du nicht mehr möchtest. Nimm dir noch ein Steak, wenn du es möchtest, aber hinterfrage dich bitte erst.

Es ist dein Körper. Nimm wieder Verbindung zu ihm auf. Das kann niemand anderes tun – nur du allein.

Oft hören wir so sehr auf die Stimmen im Außen, dass wir unserer eigenen inneren Stimme nicht mehr glauben oder sie überhaupt nicht mehr wahrnehmen. Wenn du alle Regeln, alles, was du bisher gehört und gelernt hast, loslassen würdest, wie würde dann deine Entscheidung aussehen? Bist du an dieser Stelle bereit, alle Ja-aber-Geschichten stecken zu lassen und dich auf etwas Neues einzulassen?

Wieso das so wichtig ist? Weil wir sind, was wir glauben. Dein Glaube versetzt bekanntlich Berge!

Darf ich dir dazu ein kleines Beispiel geben?

In der westlichen Welt gibt es allgemeine Heilungsempfehlungen für bestimmte Erkrankungen oder Knochenbrüche. Beispielsweise sagt man, dass ein gebrochener Knöchel ca. 6 bis 12 Wochen braucht, um zu heilen. In vielen Naturvölkern, die von diesen Empfehlungen nichts wissen, heilen die Knochen nachweislich viel schneller. Also bitte überlege dir genau, was du glauben möchtest und was auch nicht.

Viertens: Niemand auf dieser Welt hat das Recht, deinen Wert zu bestimmen. Es ist deine Verantwortung, dir und deinem Sein gegenüber das auch so zu leben.

Du dienst nicht der Welt, indem du dich niedermachst oder dich selbst nicht annimmst. Höre endlich auf, dir etwas beweisen zu müssen. Höre endlich auf zu denken: „Jetzt kommt es auch nicht mehr drauf an."

Es kommt immer auf jeden Moment an. Du bist ein Wunder. Es ist deiner Schöpfung gegenüber eine bodenlose Frechheit, wenn du dich nicht selbst achtest.

Vielleicht braucht es an dieser Stelle so drastische Worte.

Du bist eine wundervolle Seele – ja, das kann ich sagen, ohne dich zu kennen. Du darfst mich gern naiv nennen, aber das ist meine persönliche Grundeinstellung.

Ich glaube nicht, dass es bessere oder schlechtere Menschen gibt. Hinter jedem Menschen steht eine Geschichte, hinter jedem stehen die Erlebnisse, die aus uns die gemacht haben, die wir heute sind.

Wenn dir Schlimmes widerfahren ist, ist es okay, dass du an dir zweifelst und dass es dir schwerfällt, an deine Großartigkeit zu glauben. Aber, was nicht okay ist, ist, dir weiterhin diese Storys zu erzählen und dich selbst runterzuputzen. Du bestimmst, wer du bist und wer du sein willst. Niemand anders.

Ein wunderbares Beispiel dafür ist für mich John McGurk. Er arbeitet für den Osnabrücker Zoo für Fundraising und Sponsoring und ist Autor des Buches „Aufstehen, Kilt richten, Weiterkämpfen. Wie das Drama meiner Kindheit zur Berufung meines Lebens wurde".

Er hat wirklich Schlimmes erlebt. Beim Lesen seines Buches musste ich oft schlucken. Und dann sehe ich ihn als Netzwerkkollegen, der sich unermüdlich für Kinderhilfsorganisationen und den Naturschutz einsetzt. Er organisiert in Osnabrück eine wunderbare Galaveranstaltung und bei seiner sehr berührenden Rede – ehrlich, es mussten alle mitheulen – erzählte er von dem, was er und seine Geschwister erlebt haben. Und er sagte, dass er für jedes Kind, was in einer ähnlichen Lage ist wie er es war, kämpft – aufgrund seiner Geschichte.

Wie oft hören wir, dass jemand etwas nicht machen kann – aufgrund seiner Geschichte.

Wie oft sagt jemand, dass er gar nicht anders denken kann – aufgrund seiner Geschichte.

Ich möchte nicht über die Menschen urteilen, die so denken. Ich möchte nur klarmachen, dass es in deiner Hand liegt, wie du damit umgehst.

Es ist jeden Tag deine Entscheidung.

Es ist deine Entscheidung, wie viel Wert du dir selbst gibst.

Ob du dich behandelst wie ein seltenes Goldnugget oder wie Dreck.

Es kommt niemand und verwandelt Dreck in Gold – dazu hat keiner die Macht, außer dir.

Wie oft ich morgens wach geworden bin und mich schon beim Zurückschlagen der Bettdecke ätzend fand oder mich später angemeckert habe, weil mir bestimmte Sachen nicht passten oder die Haare scheiße lagen!

Es liegt in unserer Hand, ob wir uns schlecht oder glücklich fühlen. Warte nicht darauf, dass jemand kommt und dich aus dem Loch holt. Jeden Morgen hast du die Chance, aufzustehen oder liegen zu bleiben. Du hast jeden Tag 24 Stunden, 1440 Minuten, die Möglichkeit, dein Denken zu ändern. Es ist so einfach und gleichzeitig so schwer.

Dankbarkeit fühlen

Dein Körper ist ein Geschenk. Dein Geschenk. Dein Aussehen ist einzigartig. Niemand auf dieser Welt ist wie du. Niemand unter acht Milliarden Menschen. Und du meckerst an dir rum und wärst gern wie jemand anders.

Unser Leben ist so kurz und wir verschwenden meiner Meinung nach so viele Momente mit diesem Gejammer und Gemecker. Schlanker, weiblicher, größer, kleiner, wellige Haare, glatte Haare, kleinere Brüste, größere Brüste, flacherer Hintern, Brasil-Popo – die Liste dessen, was wir gern anders hätten, ist wahrscheinlich endlos.

Du wirst morgens wach und bist in der Lage, allein aufzustehen? Dann geht es dir besser als 4,32 Millionen Menschen, die Leistungen aus der Pflegeversicherung beziehen und damit offensichtlich auf Hilfe angewiesen sind.[10]

Du wachst morgens auf. Weißt du, wie viele Menschen sich das für jemand anderen wünschen würden?

Du hast keine schwere Krankheit, du kannst dich allein versorgen, du hast Essen im Kühlschrank, Menschen, die dich lieben, einen Job, der dich erfüllt.

Meinst du nicht, das wäre ein Grund dankbar zu sein?

Spüre einmal, wie gut du es hast. Egal, wo du gerade stehst in deinem Leben.

---

[10] Vgl. Bundesministerium für Gesundheit, Zahlen und Fakten zur Pflegeversicherung (Stand: 14.6.2021), https://bit.ly/35hgQGb.

Egal, was gerade ist und was du vielleicht erlebt hast. Schau voller Demut auf deine Situation. Was kannst du Positives sagen? Auch, wenn es dir noch so klein oder unbedeutend erscheint – sei dankbar dafür. Das ist der Schlüssel zu deiner Veränderung.

Für mich jedenfalls war irgendwann klar: Anstatt mich weiter fertigzumachen und mich zu beschimpfen, praktiziere ich Dankbarkeit.

Ich möchte dich an dieser Stelle einladen, Dankbarkeit wirklich zu fühlen und in dein Leben zu integrieren. Als Allererstes sei deinem Körper dankbar, der für dich dein Leben ermöglicht. Vielleicht machst du dir einmal klar, dass du ohne ihn nicht eine Sekunde existieren könntest.

Überlege einmal, welche großartige Leistung dein Körper in jeder Sekunde vollbringt.

Lege bewusst deine Hand auf dein Herz und spüre dich.
Spüre deinen Herzschlag – spüre deinen Atem.

Von ganz allein schlägt dein Herz. Von ganz allein geht dein Atem. Leg deine Hand auf deinen Bauch. Dein Bauch, der gerade damit beschäftigt ist, aus deiner Nahrung die wichtigsten Nährstoffe herauszufiltern, damit du leben kannst.

Ja, du bist so toll. Dein Körper ist ein Wunder. Vielleicht möchtest du dich einfach mal bei ihm bedanken? Ihn vielleicht auch um Verzeihung bitten, dass du ihm nicht zugehört hast, dass du wider besseres Wissen gehandelt hast?

Mit Dankbarkeit schaffst du eine völlig neue Basis für deine Gefühle – und dadurch verändern sich deine Gedanken.

Es ist jeden Tag deine Entscheidung, ob du dich durch einen Filter des Selbsthasses oder der Selbstliebe sehen möchtest. Es ist jeden Tag deine Entscheidung, ob du für dich dankbar sein oder du dich bemitleiden möchtest.

Glaub, was du willst

Als ich während des Schreibens mit einer Kollegin über dieses Thema für dieses Buch sprach, rollte sie die Augen. „Boah, die Message grad ist so nervig", meint sie. „Alle tun so, als wäre es auf einmal total cool, fett zu sein, und als wäre es allen egal, welche Figur sie haben."

Ich fragte meine Gesprächspartnerin, wie sie denn darauf komme. Und die Antwort ließ mich sehr aufhorchen.

„Wir haben doch gar nicht mehr alle Nährstoffe, die wir brauchen. Wenn wir z. B. nicht genug XY haben, dann arbeitet ja auch der Darm nicht mehr richtig, dann funktionieren auch die Hormone nicht. Wir müssen unseren Körper mit allem versorgen, dann funktioniert das auch mit dem Abnehmen."

Ich wollte jetzt genauer wissen, was sie meint: „Du denkst also, dass wir uns grundlegend mangelernähren und dadurch entsteht eine Unterversorgung, die wir nur mit Nahrungsergänzungsmitteln ausgleichen können?"

Da regte sich ein ganz leiser Verdacht in mir – der direkt im nächsten Satz bestätigt wurde.

„Ja, das ist aber ganz einfach. Wenn du willst, schicke ich dir gern ein paar Proben und eine Beschreibung, wie du das einnehmen musst. Wenn du das dann gut findest, kannst du das bei mir bestellen, ich vertreibe nämlich diese Produkte."

Genau das dachte ich mir.

Überlege mal, was passiert wäre, wenn ich nach dieser Aussage das nicht noch mal hinterfragt hätte? Eine Meinung hätte so im Raum gestanden. Das ist ja auch grundlegend okay, ABER sie macht ja was mit einem. Wenn ich diese Meinung nun hinterfrage, entdecke ich den Glauben meines Gegenübers.

Und das, meine Damen, ist so wichtig.

Es gibt unzählige Angebote da draußen. Die Verlockung und die Verführung sind riesig. Doch alle bedienen nur eins: Deinen Schmerz und deine Mangelgefühle.

Neulich erhielt ich eine E-Mail mit der Betreffzeile: Der Glaube versetzt Berge. Und genauso ist es. Wenn wir beharrlich daran glauben, dass uns Nährstoffe fehlen, dass wir Aminosäuren brauchen und was es sonst noch alles gibt, ja, dann wird das auch genauso sein. Doch wenn ich mich entschließe, meinem Körper etwas Gutes zu tun, ihn in seinen Funktionen zu unterstützen, damit er es etwas leichter hat, ist der Hintergrund ein ganz anderer.

Doch Menschen einzureden, sie können nicht abnehmen, weil der Darm nicht richtig funktioniert, die Leber nicht genügend entgiftet und was weiß ich nicht alles, ist für mich reine Geldmacherei. Doch es funktioniert – also die Geldmacherei, nicht das Abnehmen.

Wenn du dieses Buch liest und gerade mehr oder weniger Kilos hast, als du eigentlich haben möchtest, möchte ich dir noch etwas sagen: Es ist okay. Sich anzunehmen, heißt nicht aufzugeben. Sich anzunehmen und sich dennoch zu wünschen, dass die Kilos auch gern wieder gehen dürfen, ist doch kein Widerspruch.

Wenn doch der Glaube Berge versetzt, warum tun wir uns dann so schwer, Gutes zu glauben? Unser Gehirn verarbeitet und filtert schneller negative Nachrichten als positive. Oft finden wir im Außen auch eher die Bestätigung der negativen Meinung als der positiven.

Doch du kannst deine Geschichte jetzt ändern. Eine Möglichkeit ist, negative Erfahrungen, gängige Meinungen (wie „Eier sind schlecht für den Cholesterinspiegel", „Essen macht dick") nicht mehr zu glauben.

Ich will davon nichts mehr wissen. Macht mich das zu einem naiven Menschen? Ich glaube nicht. Ich suche mir aus, wohin ich meine Aufmerksamkeit lenke.

Ich habe mich für Leichtigkeit entschieden – im Innen wie im Außen. Ich habe gelernt, wenn ich im Inneren etwas ändere, verändert sich auch der Körper.

Was ich die letzten 25 Jahre gemacht habe und was die Diät- oder Nährstoffindustrie immer wieder predigt, dass du erst die Dinge im Außen ändern musst – das funktioniert nicht.

Ich glaube fest, mein Körper all das kann und schafft, was ich möchte: dass ich alle Glaubenssätze, alle Denkweisen, die dazu geführt haben, dass ich mich nicht richtig und teilweise wertlos gefühlt habe, loslassen kann; dass ich mir Vorbilder suche, die eine ähnliche Denkweise haben wie ich, die mich unterstützen, an mich zu glauben.

Und – ich glaube fest an dich. Ich bin felsenfest davon überzeugt, dass du alles haben und machen kannst, was du dir wünschst. Ich glaube, dass du ein wundervoller und grandioser Mensch bist, dass nichts deinen Wert definiert.

Hinterfrage dich bitte immer wieder, mit wem du deine Zeit hier auf der Welt verbringen möchtest. Menschen, die dir das Gefühl geben, du müsstest anders sein, als du bist – sind die wirklich gut für dich?

Übe dich darin, Meinungen nicht alle als wahr anzusehen und diese auch nicht anzunehmen. Jeder darf doch seine Wahrheit haben.

Früher hat mich negative Kritik sehr getroffen. (Auch hier nimmt unser Gehirn die negativen Nachrichten verstärkter wahr als die positiven.) Doch es ist okay, wenn Menschen nicht mit meiner Denkweise konform sind. Ich gehe ja auch nicht konform mit ihrer.

Ich habe mir abgewöhnt, über meine Vorhaben, Denkweisen oder Ähnliches zu sprechen. Es ist meinem Gegenüber nicht dienlich und mir schon gar nicht. Meiner Erfahrung nach wird zu oft über verschiedene Denkweisen diskutiert. Doch was bringen diese Diskussionen?

Ich fange dann an zu zweifeln oder ich möchte mein Gegenüber von meiner Denkweise überzeugen. Und das ist doch Quatsch.

Ich höre mir gern andere Meinungen an, wie etwa in dem Gespräch mit der Kollegin. Das ist ja okay, dass sie so denkt. Ich habe gesagt, dass ich einiges anders sehe und lebe. Punkt. Klar löst das manchmal Irritationen beim Gegenüber aus, doch das ist ja nicht mein Problem oder meine Sorge.

Wir dürfen die jeweiligen Denkweisen der anderen unkommentiert stehen lassen und bei unserer Sicht der Dinge bleiben.

Wenn doch der Glaube Berge versetzen kann, warum sollten wir denn dann nicht glauben –, und zwar das, was wir wollen?

Schluss

Du bist ein Wunder

„Eine Frau in guten Schuhen ist niemals hässlich.“
– Coco Chanel

Für mich bist du ein Wunder. Egal, was du von dir sagst oder wie du denkst.

Jedes Mal, wenn ich ein neugeborenes Baby sehe oder auf dem Arm halten darf, bin ich von dem Wunder des Lebens beeindruckt. Ein kleiner Zellhaufen und zusammengewürfelte DNA werden zu einem echten Menschen aus Fleisch und Blut. Das ist doch der Wahnsinn.

Wenn ich etwas mit so viel Respekt und Achtung betrachte, ehre ich es auch.

Wir sollten meiner Meinung nach niemals damit aufhören. Unser Leben ist ein Wunder.

Betrachte auch dich als solches.

Denn wenn du das nicht tust, wie sollen es dann die anderen tun?

Wir werden alle gern geliebt. Ja, auch meinem Ego schmeichelt es, dass ich geliebt werde. Doch all die Liebe von außen können wir nicht fühlen, wenn wir sie nicht auch uns selbst geben.

Wenn wir uns nicht selbst als einen großartigen Menschen betrachten, wer soll es denn dann tun?

Mir hilft dieser Vergleich mit einem Baby immer sehr. Auch, wenn wir vielleicht nicht mehr so handlich sind wie ein Neugeborenes, hat sich an dem Wunder des Lebens doch nichts geändert.

Und genau das darfst du feiern. Jeden Tag. Feier dich, dein Leben und dein Sein – ohne Wenn und Aber. Wirf die Zweifel, ob du richtig bist oder nicht, über Bord.

Du darfst dein Denken verändern – nicht dein Sein.

Es hat einen Grund, warum du auf dieser Welt bist, und es ist allerhöchste Zeit, das zu leben.

Danke

Die Idee für dieses Buch schwirrt mir schon ewig im Kopf herum, doch ich habe mich lange Zeit nicht getraut, es zu schreiben, weil ich dachte: Na ja, ich bin ja noch nicht da, wohin ich sein will. Wie soll ich denn dann schon darüber schreiben?

In der Einleitung habe ich geschrieben, dass ich dieses Buch vielleicht schreiben musste, um selbst zu heilen – und da ist ganz viel dran. Während ich meine Geschichte und meine Erfahrungen aufgeschrieben habe, ist viel mit mir passiert. Mir sind viele Denkmuster aufgefallen, aber ich habe auch verstanden, dass es Zeit wird, Adieu zu sagen.

Adieu dem alten Denken. Adieu den Geschichten.

Doch ich hätte mich nie allein getraut.

Dass ich dieses Buch geschrieben habe, verdanke ich meinen Töchtern.

Danke an Alexandra, Theresa und Charlotte. Danke, dass ihr mich ermutigt und mir immer wieder klargemacht habt, wie wichtig es ist, dieses Buch zu schreiben.

Danke, dass ihr mich während des Schreibprozesses immer wieder unterstützt habt, dass ihr mitgelesen und mir geholfen habt, am Ball zu bleiben.

Danke, dass ihr mir immer wieder zeigt, wie wichtig das ist, was ich tue und wie ich denke. Ihr seid einfach großartig.

Im Alltag gehen viele Dinge unter. Das Schreiben dieses Buches hat mir einmal mehr vor Augen geführt, wie großartig mein Mann ist, wie sehr er mich nicht nur unterstützt, sondern wie sehr er auch versucht, sich in meine Welt einzudenken.

Wenn man so ein Buch schreibt, wird man sehr aufmerksam für die Kommunikation in Beziehungen. Ich weiß gar nicht, wie ich dir danken soll, dass du noch nie mich oder mein Äußeres infrage gestellt hast, und dass du an mich glaubst, egal, mit welchen verrückten Ideen ich ankomme.

Danke an meine Familie. Ihr wisst, ohne meine Prägungen wäre ich nicht die, die ich bin. Ohne euch wäre ich nicht die, die ich bin. Unser Zusammenhalt und unsere Zuneigung und das Wissen, dass wir immer aufeinander zählen können, sind einfach großartig.

Danke auch an Ina Oakley, die meinem Buch mit ihrem fantastischen Cover ein Gesicht gegeben hat. Und Andrea Langenbacher, du großartige Lektorin. Danke für deinen Einsatz, die Nachtschichten und dafür, dass du mein Werk so wunderbar zurecht gezaubert hast.

Danke auch an meinen Verlag, der dem Buchentwurf direkt zugestimmt hat und mich während des Schreibens toll begleitet hat.

Aber was wäre ein Buch oder eine Botschaft, ohne die Menschen, die sie lesen oder hören wollen? Sie wäre nichts.

Deshalb geht hier mein großer Dank an dich, meine Leserin.

Du sorgst dafür, dass ich die Motivation habe, zu schreiben. Du sorgst dafür, dass ich den Mut habe, zu schreiben.

Deine Zuversicht und dein Glaube an mich sind der Grund für mein Tun.

Dass du wirklich hören willst, was ich zu sagen habe, erfüllt mich immer wieder mit Demut. Du hast entschieden, dich auf den Weg zu machen, und ich darf dich dabei begleiten – das ist ein großartiges Gefühl und deshalb jede Anstrengung wert.

Lass uns gemeinsam die Welt verändern und lass uns gemeinsam bei uns selbst damit anfangen.

Literaturverzeichnis

Amend Lars, Why not. Inspirationen für ein Leben ohne Wenn und Aber, München [8]2017.

Bundesministerium für Gesundheit, Zahlen und Fakten zur Pflegeversicherung (Stand: 14.6.2021), https://bit.ly/35hgQGb.

Hirschhausen Eckart von, Die Pinguin-Geschichte, https://www.hirschhausen.com/glueck/die-pinguingeschichte.php (Stand: 20.2.2022)

Martel Jacques, Mein Körper – Barometer der Seele. Das psychosomatische Lexikon, das schon beim Lesen hilft, Kirchzarten [13]2016.

Silver Tosha, Unverschämt optimistisch. Warum wir grenzenlos vertrauen dürfen, München 2016.

Internetquellen

https://drjoedispenza.info/s/Drjoedispenza/blog_2020_7_2 (Stand: 20.2.2022)

https://www.dove.com/de/stories/about-dove/our-research.html (Stand: 23.2.2022).

https://psylex.de/stoerung/suizid/faktoren/soziale-medien/ (Stand: 2.3.2022).

Über die Autorin

Ellen Lutum ist Autorin, Life Coach, Heilpraktikerin für Psychotherapie und examinierte Kranken- und Gesundheitspflegerin. Seit einigen Jahre spezialisiert sie sich auf das Wohlbefinden von Frauen, besonders das Thema Selbstliebe ist hierbei der Fokus ihres Unternehmens „Ellen Lutum Life Coaching". In ihren Büchern verarbeitet sie teils ihre persönlichen Erfahrungen und eigenen Prägungen, aber auch viele Beispiele aus dem Coaching-Alltag.

Eines ihrer Erfolgsgeheimnisse ist, dass Frauen durch sie wieder einen Zugang zu ihren eigenen Bedürfnissen bekommen. Frauen aller Art werden sich ihren Prägungen bewusst und dadurch lernen sie, sich selber zu verstehen, anzunehmen und wieder zu lieben.

Mit ihrem Podcast und dem gleichnamigen Buch Bestseller „*Sei die Liebe deines Lebens*" erreicht und inspiriert Lutum tausende von Frauen, sich aktiv um ihr Wohlbefinden zu kümmern. Egal, ob es um das Thema Beziehung, Beruf oder auch den eigenen Körper geht - der Schlüssel zum Wohlbefinden liegt immer in der eigenen bewussten Entscheidung.

Liebe Leserin, lieber Leser,

hat Ihnen dieses Buch gefallen? Wir freuen uns über Ihre Verbesserungsvorschläge, Kritik und Fragen zum Buch.

Die Meinung und Zufriedenheit unserer Leserinnen und Leser ist uns sehr wichtig.

Kontaktieren Sie uns deshalb gerne und schreiben uns eine E-Mail an *feedback@eulogiaverlag.de*

Wir freuen uns auf Ihre Nachricht.

Herzlichst

Ihr Eulogia Verlags Team